Die Pausen zwischen den Worten

Serie Piper
Band 638

Zu diesem Buch

Was hat sich der Dichter dabei gedacht? Nichts zielt so haarscharf an einem Gedicht vorbei wie diese – in Schulen und anderswo – immer wieder gestellte Frage. Manchem hat sie die Lyrik, vielleicht sogar die Literatur, fürs ganze Leben verleidet. Man kann sie, wenn überhaupt, nur dem Autor selbst stellen.
Zwei Dutzend Dichter geben Auskunft über sich und »ihr« Gedicht – nicht im Sinne einer schulgerechten klassischen Interpretation, sondern sehr persönlich: sozusagen von Mensch zu Mensch. So bekommt auch das Gedicht, das manchem so fern ist wie ein fremder Stern, menschliche Nähe.
Was sich der Dichter gedacht hat, ist nicht mehr als ein unverbindlicher Vorschlag. Jeder darf, jeder soll sich seine eigenen Gedanken machen, besser: seinen Eindrücken, seinen Empfindungen nachgeben, sich dem Gedicht ganz unbefangen öffnen. So wird die persönliche Begegnung, der »angstfreie« Umgang mit dem Gedicht möglich: So wird ein Gedicht zu »meinem« Gedicht.
Zwei Dutzend Dichter geben Auskunft. Entstanden sind: Protokolle der Entstehungsgeschichte eines Gedichts, Zeugnisse von Arbeitsweisen, Dokumentationen, Werkstattberichte und, im günstigsten Fall, Einblicke in die Innenwelt eines Dichters. Manchmal wird auch nur eine Geschichte erzählt, die dem Gedicht einen Hintergrund, eine neue Dimension gibt.
Jeder Beitrag zeigt ein Gedicht in anderem Licht. Zusammen markieren sie die lyrische Landschaft unserer Zeit.

Rudolf Riedler, geboren 1927 in Kaufbeuren/Allgäu, studierte Psychologie, Literatur, Musik, Publizistik und promovierte in München. Heute hat er eine leitende Position beim Bayerischen Rundfunk inne. Angeregt durch Peter Huchel, fand er zur Lyrik. Sein spätes Debüt mit den Gedichtbänden »Annäherung an Komombo« (1980) und »Mit den Haien schwimmen« (1983) wurde von der Kritik sehr beachtet. 1983 erhielt er den Tukan-Preis für Literatur der Stadt München.

Die Pausen zwischen den Worten

Dichter über ihre Gedichte

Herausgegeben von Rudolf Riedler

Piper
München Zürich

ISBN 3-492-10638-2
Originalausgabe
November 1986

Umschlag: Federico Luci,
unter Verwendung des Gemäldes »Lyrisches« (1911)
von Wassily Kandinsky

Foto Umschlagrückseite: Hans Grimm, München
Gesamtherstellung: Clausen & Bosse, Leck
Printed in Germany

Inhalt

Rudolf Riedler

Anstelle eines Vorworts

Ich erinnere mich noch ganz genau, obwohl es Jahre zurückliegt: In einer Fußgängerzone, vor einer Kirche, stand eine große Schiefertafel, wie man sie früher vor alten Gasthäusern fand. Darauf war mit Kreide geschrieben: *Fünf Minuten für Gott.* Leute blieben stehen, gingen weiter – oder gingen in die Kirche, wie ich.

Der Kirchenraum, überraschend groß, lag im sanften Dämmer von gebrochenem Weiß und gedämpftem Gold. Wenige Menschen über die Bankreihen verteilt, ein paar Hausfrauen mit ihren Einkaufstaschen, ein junger Mann mit einem Krückstock, ein Touristenpaar las in einem Reiseführer, zwei Kinder flüsterten, ohne die Stille zu stören.

Ich weiß nicht mehr, woran ich während dieser fünf Minuten dachte, vielleicht an nichts, vielleicht an Gott; jedenfalls verließ ich die Kirche in einer anderen, die Psychologen würden sagen: emotionellen Befindlichkeit.

Aus dem Hinweis auf der Schiefertafel ist eine Rundfunkserie entstanden: *Zehn Minuten Lyrik.* Beide arbeiten, gewissermaßen, nach dem gleichen Prinzip. Lyrik kann, wie Gott, etwas sehr Fremdes und Entferntes sein, weit weg, auf einem anderen Stern. Das hat oft nur mit den Umständen (und Umständlichkeiten) zu tun, die man macht – mit dem Gedicht wie mit Gott. Das Zeremoniell, der große Gestus, das Feierliche Hochamt sozusagen schüchtern manchen ein, lassen das Fremde noch fremder erscheinen, entrücken es ins Unerreichbare und Unfaßbare. Das schafft Probleme. Entmutigung entsteht, Berührungsangst kommt auf.

Das muß nicht sein. Der angstfreie Umgang mit dem Gedicht (und mit Gott) ist durchaus möglich – die persönliche Begegnung, ganz ohne Umstände, gleichsam außerhalb des Protokolls, nur so im Vorübergehen, fünf Minuten, zehn Minuten: Ja, das geht. So wird Nähe hergestellt, mit dem Gedicht auf du und du, mit Gott auf du und du.

Was hat sich der Dichter dabei gedacht? Diese dumme Frage, wieder und wieder gestellt, hat manchem Menschen die Lyrik, wenn nicht die Literatur, fürs Leben verleidet. Sie kann allenfalls dem Dichter selbst gestellt werden. Nicht jeder ist zu einer Antwort bereit. Peter Huchel weigerte sich strikt, sich selbst zu interpretieren. Das Gedicht stand da, nichts war mehr dazu zu sagen. *Wenn ich etwa ein Herbstgedicht geschrieben hatte*, sagte er mir einmal in einem Gespräch, und er spielte dabei auf die Kulturfunktionäre in der DDR an, *dann kamen sie und wollten den Inhalt wissen. Sie gingen wie mit dem Büchsenöffner ran. Aber es gibt keinen Inhalt. Es ist, als wollte man mit einer Sense die Abendröte aufschneiden. Dahinter ist immer wieder nur die Abendröte.* Etwas Ähnliches meint Walter Benjamin, wenn er sagt: *Wer ein Gedicht verstanden hat, der hat es nicht verstanden.*

So sind, was hier (als eine Auswahl aus der Rundfunkreihe) versammelt ist, auch nicht eigentlich Interpretationen im klassischen schulgerechten Sinn. Es sind, im günstigen Fall, Einblicke in die Innenwelt des Dichters, Protokolle der Entstehungsgeschichte eines Gedichts, Zeugnisse von Arbeitsweisen, Dokumentationen, Werkstattberichte; manchmal wird auch nur eine Geschichte erzählt, die dem Gedicht einen Hintergrund, eine zusätzliche Dimension gibt.

Das kann interessant sein, aufschlußreich, zuweilen aufregend; hilfreich auch, und immer ein Beispiel dafür, wie ein Gedicht aus der Ferne in die Nähe rückt. Aber der Weisheit letzter Schluß: das braucht es nicht zu sein. Ein Dichter, den ich kenne, fand in einer von Woche zu Woche fortgeführten Lyrik-Anthologie in einer berühmten Zeitung eines seiner Gedichte, ein sehr schönes Gedicht, mit dem interpretierenden Text eines Kollegen, einem sehr schönen Text. Er schüttelte den Kopf: *Der hat mich überhaupt nicht verstanden.*

Da liegt, mit Verlaub, der Dichter schief. *Er* hat nicht verstanden. Er hat sich nicht klargemacht, daß ein Gedicht ein Angebot ist, sozusagen zum gefälligen Gebrauch: Spielmaterial für den

Leser. Was der Leser damit und daraus macht, ist nicht mehr seine, des Dichters Sache; er hat sich und sein Gedicht ausgeliefert. *Mein Tisch ist gedeckt für alle*, heißt die Zeile eines anderen Autors.
Kinder haben es da leichter, sie bedienen sich ungenierter. Sie haben, entgegen der landläufigen Meinung, oft ein sehr natürliches, weil weithin unreflektiertes Verhältnis zum Gedicht, anders als die Erwachsenen, die durch Tradition und Konvention vorbelastet sind. Das ist gerade im Umgang mit sogenannter *moderner* Lyrik ein Handicap. Kinder sind weit weniger imprägniert, sie sind durchlässiger, ein Gedicht dringt leichter in sie ein; oder umgekehrt: sie dringen leichter in ein Gedicht ein. Unbefangenheit kann ein sehr brauchbarer Schlüssel sein, Lyrik zu erschließen.
In der nicht vorgegebenen, unbefangen individuellen Beziehung verwandelt sich ein Gedicht aufs immer neue. Nie ist *dasselbe* Gedicht auch das *gleiche* Gedicht. Jeder hat das Recht auf seine eigene Interpretation. *Ein Gedicht muß eingeatmet werden*, sagt Hilde Domin. Und Franz Mon verlangt vom Leser, er solle das Gedicht nicht nur *nachvollziehen*, sondern als seine *eigene Sache vollziehen*, als ob er selbst der Autor wäre.
So macht der Leser aus *einem* Gedicht *sein* Gedicht. Einem Gedicht auf den Grund kommen, heißt auch, sich selber auf den Grund kommen. Die Begriffe *richtig* oder *falsch* verlieren damit an Bedeutung. So gut wie alles ist dann möglich: der Raum wird frei fürs Spiel mit der eigenen Phantasie, mit den Requisiten der eigenen Welt und Umwelt, des eigenen Lebens und Erlebens. Es gilt die immer neue Aufforderung, sich selber einzubringen, sich aufs Gedicht den eigenen Reim zu machen.

Ulrich Johannes Beil
Neues Wanderlied

Lange Spaziergänge
machen kurze Gedichte;
die paar Minuten
Schweigen im Walde,
wenn es das noch gibt,
sind schnell erwähnt.
Und sonst? Die Romantik ist tot.
Halt den Mund. Bis balde.

Ich gehe gern und ausdauernd ins Freie. In geschlossenen, ungelüfteten Zimmern hält es mich nicht allzu lang. So kann es sein, daß ich meine Arbeit unterbreche, daß ich gehen, meine Wohnung verlassen muß, um später von neuem mit dem Schreiben zu beginnen. Gehen und Schreiben, Kopf und Füße hängen wohl unmittelbarer zusammen, als wir gemeinhin annehmen. Es erstaunt dann nicht, zu hören, daß Autoren wie Petrarca, Johann Gottfried Seume, Robert Walser oder Karl Krolow zeitlebens große Geher gewesen sind.
Mein *Neues Wanderlied* bezieht sich nicht auf einen besonderen Weg, ein außerordentliches Erlebnis. Es zeugt eher von einem oft wiederholten, fast selbstverständlich gewordenen Vorgang – einem Vorgang allerdings, der nicht im Terminkalender steht und für den sich keine Begründungen, keine Zwecke angeben lassen. Der Weg ins Freie ist zugleich ein Weg an den Ordnungen des Alltags vorbei, ein Fluchtweg zuweilen. Wer geht, weiß, daß es diese Flucht nicht wirklich gibt, daß sie recht bald mit der Rückkehr zum Ausgangspunkt endet. Und man nimmt stets mit, was sich an Ballast in einem aufgestaut hat. Vielleicht aber lockern sich die Schultern während des Gehens. Vielleicht

wird vieles vom Kopf in den Körper hinuntergeschüttelt, vielleicht gelingt es, wie die heilige Teresa von Avila sich einmal gewünscht hat, das Leben »unter die Füße« zu bringen und leerer, leichter zu werden.
Dazu bedarf es fortwährender Übung. Solange der Kopf noch in sich hineinmurmelt, bleiben die Augen geschlossen. Man geht den gewohnten Weg, ohne die Überraschungen zu entdecken, die er jedesmal von neuem bereithält: Kirschblüten, Wolkenformationen, Menschen, die man längere Zeit nicht gesehen hat. Möglicherweise merkt man erst nach Jahren, an welchem Haus, welcher Skulptur, welchem Baum man da vorbeigegangen ist, ohne je einen Blick darauf geworfen zu haben. Oft merkt man es erst, wenn das Haus abgerissen oder der Baum gefällt wird. Die Ruhe, das Schweigen, das man sich wünscht, beginnt nämlich bei einem selber. Ich habe viele Spaziergänge machen müssen, bevor mir die nötige Kürze und Schwerelosigkeit glücken wollten.
Freilich, die Übung des Gehens ist schwerer geworden. In meinem Heimatort, ein wenig südlich von München, mußte ich meinen Lieblingsweg, dem ich das *Neue Wanderlied* verdanke, vor einigen Jahren aufgeben, da er von Industrieanlagen zunächst umstellt und schließlich abgesperrt wurde. Der Feldweg, auf den ich auswich, wurde vor kurzem »autogerecht« geteert; er glänzt nun glatt und schwarz wie die Grabsteine des Friedhofs, an denen er vorbeiführt. So habe ich das Schweigen, das es schon fast nicht mehr gibt, aus *Wanderers Nachtlied* von Goethe entliehen:

Über allen Gipfeln
Ist Ruh,
In allen Wipfeln
Spürest du
kaum einen Hauch.
Die Vögelein schweigen im Walde.
Warte nur, balde
Ruhest du auch.

Wir erinnern uns. Fern und heimatlich zugleich klingt dieses Lied herüber, mit dem man sich einst getrost – »im Walde« – schlafen legen konnte. Ich lernte es im fünften Gymnasiumsjahr kennen, und damals hat es, fast möchte ich sagen: gezündet. Dieses Gedicht vor Augen begann ich, mich selbst im Verseschmieden zu versuchen; es blieb mir bis heute Maßstab und Ansporn, unerreichtes Vorbild. Als ich mein *Neues Wanderlied* vor ungefähr neun Jahren niederschrieb, lag der Ton vor allem auf dem Rückzug des Schweigens in unserer Umwelt. Ich habe kaum ahnen können, daß auch der Wald bald nur noch Zitat sein und mein Gedicht ihn auf diese schlimme Weise überleben würde.

Was also blieb von der Natur? Wir können täglich in Zeitungen und Zeitschriften Meldungen lesen, die der Natur keine große Chance mehr einräumen. Ich kenne jemanden, der eine solche Broschüre abbestellte, weil er seinen Lebensmut darüber zu verlieren glaubte. Mein Gedicht zitiert Spaziergänge, die sich heute nicht mehr gehen lassen, es zitiert die Natur in ihrem Verschwinden. Das »Schweigen im Walde« ist zur Erinnerung geworden wie Verse, die man noch hersagen kann. In den ersten Jahren meiner schriftstellerischen Arbeit las ich häufig naturlyrische Gedichte aus den dreißiger und fünfziger Jahren, von Loerke bis Huchel. Und doch war, während ich las, bereits ein neues Zeitalter angebrochen. Das alte, heilere war nur noch Schrift. Seit geraumer Zeit gibt es Rufer in der Wüste wie Carl Amery oder Frederic Vester, die die Ausbeutung der Natur durch den Menschen schärfstens anprangern. Aber erst Mitte der siebziger Jahre wurden sie von einer breiteren Öffentlichkeit gehört. Längst haftete Naturmetaphern etwas Weltfremdes oder bestenfalls Utopisches an. Die Lyrik verlor und verliert eine Welt, in die sie sich seit der Romantik immer wieder hineingerettet hatte. Es wurde zusehends absurder, über den »Trost der Bäume« zu schreiben, wie dies Günter Eich in einem seiner schönsten Gedichte getan hat.

Vor kurzem blätterte ich in Texten meines Urgroßvaters Josef Stibitz, der im böhmischen Leitmeritz lehrte und dichtete. Ich war erstaunt, wie ungebrochen in seinen Versen noch Romantisches nachklingt:

Ganz wie verloren liegt das Land,
Nur ferne Wolken steigen –
Der Wald steht, wie der Tag ihn fand
Im ahnungsvollen Schweigen.

Ich glaube, daß bis heute kaum jemand, insbesondere die Lyriker, von romantischen Motiven völlig frei geworden ist. Wer zu einer intakteren Natur zurückkehren möchte, wer außereuropäische, archaische Kulturen untersucht, ja sogar, wer als Erbe von Karl Marx Kritik und Utopie in das Gedicht einfließen läßt – der arbeitet an Fragen, die das frühe neunzehnte Jahrhundert längst vor ihm gestellt hat. Noch die Abwendung von »der« Romantik, wenn man dieses Schlagwort überhaupt gebrauchen will, ist Teil einer Tradition, die sich um den Bruch und das Neue bemühte. Man hört heute oft, daß sich Traditionen abstreifen ließen wie ein lästiges Kleid. Und doch geht es einem vielleicht am Ende wie dem Sohn, der dann dem Vater am ähnlichsten geworden ist, wenn er sich ganz von ihm gelöst zu haben glaubt.

Damit meine ich nicht, daß die Tradition eine Kette wäre, die einen auf Dauer knechtet und bindet. Mitunter öffnet sich ein »Weg ins Freie«, den zu gehen man sich erlauben kann. Nach meinen Spaziergängen kehre ich zwar wieder an den Arbeitsplatz, den Schreibtisch, zu meinen Büchern zurück. Aber wenn es mir gelang, Augen und Ohren offenzuhalten, bin ich nicht mehr derselbe wie zuvor. Dann beginnt eine andere, heimlichere Wanderung: die Wanderung des Bleistifts über weißes Papier.

Horst Bienek
Lern von den Wombats

Die Gattung der Reisedichtung ist nicht neu, unsere größten Dichter, von Goethe bis Eichendorff, von Heine bis Rilke, haben sich darin versucht und nicht selten Exemplarisches geschaffen. Welt zu sehen und zu erfahren, und von dieser Erfahrung andern etwas mitzuteilen, ist ja überhaupt eine der Grundabsichten von Literatur. Doch scheint mir, daß in neuerer, in unserer Zeit, diese Gattung noch an Beliebtheit, auch an Ausdrucksform und Ausdrucksmöglichkeit gewonnen hat. Das läßt sich leicht mit der allgemeinen Reiselust und Entdeckerfreude erklären, die durch so schnelle Fortbewegungsmittel wie Auto und Flugzeug kaum noch Grenzen und Barrieren kennt. Aber die Dichter, und das läßt sich belegen, reisen ja nicht in die Ferne, um etwas anderes, Fremdes, gar Exotisches zu sehen, wie es etwa zur Zeit der sogenannten Bildungsreisen nicht der einzige, aber doch ein wichtiger Faktor gewesen war, sondern – so paradox es klingen mag –, sie reisen, um sich selbst zu finden, um zu sich selbst zu kommen. Oft genug benutzen Reisegedichte die neue, ungewohnte Kulisse nur, um davor das eigene Ich kontrastreicher darzustellen.

Ich habe nicht viele Reisegedichte geschrieben, und es hat lange gedauert, bis es überhaupt dazu gekommen ist. Dabei bin ich viel gereist, freiwillig, auch unfreiwillig, mich hat es dabei nirgendwo lange gehalten, das geb ich zu, und zum Schreiben eines Gedichts, auch wenn es zuweilen rasch entstehen kann, brauche ich Zeit, Muße, Konzentration, ja auch Meditation, und das finde ich unterwegs nicht. Natürlich werden Reisegedichte in den seltensten Fällen auf der Reise geschrieben, wahrscheinlich doch wohl in der Abgeschiedenheit des Zuhause. Aber wenn ich mich, später, daran erinnerte und das Erlebte wachrief, war es

wohl nicht von jener Intensität, die poetische Texte entstehen läßt. Ich gebe zu, ich hatte auch oft genug Spott für manche meiner Kollegen übrig, die von überall, wo sie waren, ein literarisches Souvenir in Gedichtform mitbrachten.
Aber dann hat ein Land, eine Landschaft mich doch getroffen und so betroffen gemacht, daß ich einen ganzen Zyklus von Gedichten darüber geschrieben habe; es war Australien. Durch diesen Kontinent bin ich zweimal, 1972 und 1975, gereist, jedesmal mehr als zwei Monate lang. Dieser Zyklus, einfach und lapidar *In Australien* betitelt, ist eine Folge von sieben Gedichten, die formal wie thematisch verschieden sind und einfach dadurch zusammengehalten werden, daß das, was hier geschieht, eben *In Australien* geschieht; und die mit mir selbst etwas zu tun haben, meiner Konfrontation mit diesem unbekannten, fremden, zunächst abweisenden Kontinent, den ich mir erst langsam erobern mußte, geistig wie auch physisch, und den ich übrigens erst wahrhaft durch die Lektüre der Romane von Patrick White begriffen habe, des wohl größten australischen Schriftstellers, Nobelpreisträger von 1973. Über das erste Gedicht in diesem Zyklus will ich hier sprechen, es heißt *Lern von den Wombats*.

Weit bin ich gegangen, das ist wahr,
und zurückgekehrt zu den alten Wörtern.
Die Erde. Die Sonne. Das Gras. Die Wüste.
Der Regen. Es gibt Zeiten, in denen er
sich in Wald verwandelt. Die Straßen
dampfen. Die Füße unterm Schreibtisch
fangen zu faulen an. Lerne: schon
im September verrät dich das Licht
an einem messerblitzenden Himmel.
Ich bin noch nicht lange genug hier,
um die bizarren Zeichen der
Ghost-Trees zu enträtseln,
die blauen Tätowierungen
von der Haut wegzuwischen,
die Todesnachrichten beim Grillfeuer
zu lesen. Lerne vom Licht, vom Regen
und von den erdhaften Wombats.

Zunächst einmal gibt das Gedicht schon im Titel, und dann, noch einmal verstärkt in der Schlußzeile, ein Rätsel auf: was um Himmelswillen sind Wombats? Und warum soll der Leser, der hier direkt angesprochen wird, von ihnen lernen, und soll er denn, um ein Gedicht verstehen zu können, erst zum Lexikon greifen müssen? Berechtigte Fragen, die sich so oder ähnlich auch dem Autor bei der Niederschrift des Gedichts gestellt haben. Daher habe ich auch im Anhang des Gedichtbandes das Wort »Wombats« erklärt. Aber wer liest schon Fußnoten zu einem Gedicht? Und wie es so kommt: das Gedicht ist häufig nachgedruckt worden, und in nahezu allen Nachdrucken fehlt diese Erläuterung. Ich habe Hans Bender gefragt, der für eine Anthologie – *In diesem Land leben wir* – aus dem Australien Zyklus gerade dieses Gedicht gewählt hat, ob das nicht irritierend, vielleicht sogar störend und unverständlich wirke. Und er gestand mir, lächelnd: daß er gar nicht wissen wolle, was denn ein Wombat sei, gerade die Fremdheit des Wortes, der ungewohnte, exotische Klang, die Aufforderung, von diesem Unbekannten auch noch zu lernen – das würde die Phantasie und die Vorstellungskraft des Lesers nur freisetzen und beflügeln. Jede realistische Erklärung müßte auch die sprachliche Magie preisgeben, also dem kühlen, rationalen Verstand ausliefern. Freilich, so denke ich, muß ein Gedicht auch das vertragen können, bei einer Werk-Analyse etwa, aber beim ersten Aufnehmen, beim Nachvollzug von Empfindungen, die das Gedicht austeilt, darf sich das nicht vordrängen; immer muß der Vers ein Stück Geheimnis, auch Dunkelheit bewahren. So etwas schwebte mir schon beim Schreiben des Gedichts vor, aber ich bin mir dessen erst beim Gespräch mit dem Herausgeber der Anthologie bewußt geworden. Australien, der fünfte Kontinent, ist weit entfernt von Europa, siebentausend Kilometer Luftlinie, und heute, wo uns doch alles nah gerückt ist, braucht man immer noch über zwanzig Stunden mit dem Flugzeug, um dorthin zu gelangen ... Dann überfliegt man Asien, den Äquator, sieht einen ganz anderen, den südlichen Sternenhimmel; also das Gefühl der Weite, der großen Entfernung ist immer da. Und dann entdeckte ich dort ganz unverstellt Natur: Die Sonne brennt unerbittlich und ist nichts anderes als Sonne; man fährt tagelang mit dem Auto durch Wüsten, und alles, was einem im Kopf kreist, ist diese weiße, flimmernde, lichttanzende Wüste; die Erde kahl, unbebaut, – meilenweit – zeigt ihre Farben von Schwarz bis Braun und Rot und sogar Lila. Dort hörte ich zum ersten Mal das Wort »Regenwald«, dort sah ich ihn im hohen Norden, ein tropisches Dickicht, immergrün: vor Staunen, vor Entzücken also das Stammeln der einfachen Wörter, – sie sind wieder das, was sie einmal, unverbraucht, darstellten. Das Suchen nach einem Bild, das die schneidende Helle des Lichts mittags am Horizont wiedergibt, ein messerblitzender Himmel. Vielleicht ist das zu schwach, also wird das verstärkt durch: im September verrät dich das Licht an diesen Himmel. Verrat ist ein lautes, schreiendes Wort, hier gerade richtig, um den Aufruhr der Gefühle anzuzeigen. Der September wird zugleich eingebracht, um darauf hinzuweisen, daß mit ihm der Sommer anfängt – wir befinden uns nämlich auf den Antipoden. Die in Australien häufig vorkommenden Eukalyptus-Bäume nennt man auch Ghost-Trees, also Geisterbäume, sie stehen einzeln in der Landschaft, wirken mit ihren knorrigen, krumm und bizarr wachsenden Ästen, den silbrig-schimmernden Blättern, geradezu geisterhaft, vor allem am Abend, wenn sie vor der untergehenden Sonne entflammen. Nirgendwo habe ich so viele Tätowierungen gesehen wie an den Körpern der Eingeborenen, der Aboriginees, die dies zu einer besonderen Kunst entwickelt haben. Noch eine Erinnerung: das Grillen am offenen Feuer, draußen in der freien Natur, es ist eine Art Kult geworden, man sieht's überall, aber hier ist es weniger eine Mode wie bei uns, sondern ein Stück überlieferter Pionier-Romantik, als man das Outback, also das unwegsame Innere des Kontinents eroberte, und das ist noch gar nicht so lange her. Zum Schluß dann die Aufforderung, anders zu denken, anders zu werden, anders zu sein, Europa, das zivilisatorische, zu vergessen, und hier neu zu leben, neu von der Natur, den Naturgewalten zu lernen: vom Licht, vom Regen, von den erdhaften Wombats.

Ja, und nun muß ich doch wohl erklären, was Wombats sind. Es sind Beuteltiere, etwa so groß wie Biber, sie leben in selbstgegrabenen, bis zu dreißig Meter langen Erdbauen und kommen nur nachts heraus, sind also selten zu sehen; sie sind Pflanzen-

fresser, gutmütige Tiere, gezähmt kann man sie als Haustiere halten; in den australischen Sagen spielen sie die Rolle wie bei uns etwa Reineke Fuchs.
Ob der Leser, der Zuhörer dadurch sehr viel klüger geworden ist? Ich wünsche mir ihn, nachdem er ein Gedicht gelesen hat, keineswegs klüger, aber doch nachdenklicher, reicher an Erkenntnis, in der Seele bewegt, vielleicht sogar ergriffen.
Eine berühmte Gedichtsammlung der Fünziger Jahre hieß *Ergriffenes Dasein*, das klingt heute leicht pathetisch, aber es drückt das aus, was Gedichte vermitteln sollten. Übrigens wollte ich mit meinen Erklärungen den Zuhörer ja auch nicht klüger machen, ihm nur ein paar konkrete Hinweise geben, wie und warum diese oder jene Zeile entstanden ist, welchen Bezug zu realen Ereignissen sie hat. Nicht mehr. Keine Interpretation. Wie sagte schon Goethe? Der Dichter stellt seine Schöpfung in die Welt hinaus, es ist Sache des Lesers, des Ästhetikers, des Kritikers, zu untersuchen, was er mit seiner Schöpfung gewollt hat.
So, ich bin mit meinem Text fertig. Ich stehe auf. Denn die Füße unterm Schreibtisch fangen sonst zu faulen an.

Ernst Günther Bleisch
Maritime Feststellung

Es kennt nicht Vorbeter
mag auch keine Nachbeter
das Meer

Es erläßt Gebote
unerfindliche
unergründliche

Seine Sprache ist dunkel
voller schwarzäugiger Umlaute
aber auch
voller reißender Offenheiten

Sein Alphabet
fängt
mit Aloe an
und Anemone
und endet
mit Zitterrochen
und Zaubersprüchen

Ein Gedicht, das vom Meer »handelt«, kann – was wohl einleuchtet – nur ein Partikelchen dieses Phänomens aufschimmern lassen. Es kann – und damit bin ich schon beim Titel meines Gedichts – nicht viel mehr als eine, natürlich möglichst dezidierte, möglichst eben so noch nicht getroffene Feststellung machen. Aus diesem Grunde also heißt mein Gedicht *Maritime Feststellung*.

»Maritim« – weil es halt nicht um eine Landschaft geht, jeden-

falls nicht um Landschaft im sprachlich eingeengten Sinne, sondern um ein, wenn man es ganz nüchtern ausdrücken will, Wassergebiet. Ein riesiges allerdings, für das einer, wenn er will, das zwar auch nicht sehr schöne, aber doch der »Landschaft« vergleichbare Wort »Meerschaft« bilden könnte.
Es ist bewußt von »Feststellung« die Rede im Sinne von Registrierung, von Notiz, von einem – wenn auch lyrisch nachdrücklichen – »Zu-den-Akten-Nehmen«. Es ist also nicht etwa eine Ballade oder etwas ähnliches zu erwarten – nein: ein wie immer auch geartetes »dramatisches« Geschehen wird hier nicht angeboten. Ebensowenig aber ist es eine »Idylle« und auch der trifft nicht den Kern der Sache, der von »Stilleben« spricht, obwohl es für den einen oder anderen sicherlich einige solcher Züge haben mag.
Das Meer kennt viele Muster; doch erfährt der Mensch »im Grunde« nur eins davon. Das ist das rätselhafte, ich möchte sagen: »Dessin« seiner Oberfläche. Diese seine Haut, wenn man so will, ist zu mancher Stunde pulsierend bewegt, zu mancher anderen Stunde scheinbar unbewegt. Das ist im wörtlichen, aber auch im übertragenen Sinne zu verstehen. Nichts ist dem Meer so zuwider wie der Versuch – von welcher Seite auch immer – ihm, während es meditiert, zu nahe zu treten. Es vereitelt alle solchen Absichten zumeist schon im Keim, weil es, wie jahrhundertelange Beobachtung lehrt, sich selber genug zu sein scheint.
Aus dieser Erkenntnis heraus setzt das Gedicht vorsätzlich unvermittelt und gewiß etwas apodiktisch, aber seinem Stoff angemessen, mit der Feststellung ein:

> Es kennt nicht Vorbeter
> mag auch keine Nachbeter

Was nichts anderes bedeutet, als: es liegt ihm weder an den einen, noch an den anderen. Es ist deswegen so sehr seiner sicher, weil es eher da war als alles andere, weil es die Urzelle ist alles dessen, was die Menschen »Leben« zu nennen übereingekommen sind. Das Meer hat nie einen anderen Partner gehabt als sich selber – es sei denn: den Himmel über sich. Und der

spiegelt sich in ihm. Das Meer dagegen braucht keinen Spiegel. Ein einziges Mal nur habe ich dies beobachtet: ich sah vor einigen Jahren auf der Antillen-Insel St. Lucia in der karibischen See plötzlich, kurz vor Sonnenuntergang, weit draußen, wo Meer und Horizont ineinander übergehen, eine mir paradiesisch vorkommende zweite Landschaft wie in einem Spiegel.
Das Meer besitzt eine Machtvollkommenheit von eigenen Gnaden, es hat, geopolitisch-physikalisch gesehen, eine Weltstellung inne. Seine Wasser bedecken fast zu drei Vierteln die Oberfläche unseres Planeten. Es nimmt daher kaum Wunder, daß es offensichtlich auch einer eigenen Gerichtsbarkeit untersteht – die es sich nämlich selber gegeben hat. Kraft einer Autorität, die dem einen Bewunderung abnötigt, dem anderen unheimlich vorkommen mag, erläßt es seine Verfügungen, trifft es, mit einem Wort aus dem politischen Leben ausgedrückt, »einsame Beschlüsse«. Das Gedicht formuliert diesen Zug so:

> Es erläßt Gebote
> unerfindliche
> unergründliche

»Unerfindlich«, weil es nicht wie ein menschlicher Gesetzgeber befragt werden kann, was die tiefere Motivation für die Regeln ist, nach denen es seiner Welt gebietet. Wir müssen alle seine Handlungen hinnehmen als etwas völlig Unergründliches. Ob es sich nun um seine merkwürdige sogenannte Dünung handelt, in deren Gefolge eine die Lebewesen, die Schwimmer vor allem, urplötzlich bedrohende, haushohe Brandung aufkommen kann – oder ob es um seine noch weit geheimnisvolleren Strömungen geht, die wiederum mit dem, was man Gezeiten nennt, eng zusammenhängen. Nichts von alledem oder doch fast nichts davon ist eindeutig mit menschlichen Mitteln vorauszuberechnen – trotz noch so großer meteorologischer und sonstiger Fortschritte.
Auf Mutmaßungen sind wir beim Meer in vielfacher Hinsicht angewiesen. Wir können uns keiner Verbindungsleute bedienen; denn es gibt keine. Die Äußerungen des Meers, gleich welcher Form, erreichen uns wohl, aber wir müssen sie uns müh-

sam auseinanderbuchstabieren – und dann wieder zusammensetzen. Denn:

Seine Sprache ist dunkel
voller schwarzäugiger Umlaute
aber auch
voller reißender Offenheiten

Damit ist angetippt, daß der aufmerksame Zuhörer, der einsame Strandgänger zumal, durchaus in die Lage versetzt sein kann, aus den Äußerungen des Meers so etwas wie Vokale oder auch Konsonanten herauszuhören. Gewiß: für die meisten Menschen wird nur so etwas wie das – beinahe hätte ich gesagt: landläufige – Meeresrauschen zu vernehmen sein.
Doch sowohl das Ohr als auch das Auge des Dichters scheinen feiner beschaffen zu sein, glaubt er doch, nicht nur ganz gewöhnliche Umlaute herauszuhören, etwa ein düsteres Ü oder ein läutendes Äu, nein: er nimmt sie sogar optisch wahr: nämlich als schwarzäugig. Zugleich entgeht ihm nicht, daß diese Natursprache – nennen wir sie einmal: »das Meerische« – auch reißender Offenheiten fähig ist. Das wird besonders dann der Fall sein, wenn das Meer in wilden Stürmen aufbegehrt.
Damit nicht genug: es läßt sich aus dem »Meerischen« sogar ein Alphabet – wenn auch vielleicht nur andeutungsweise – heraushören. Und das beginnt wie jedes Alphabet mit A, hier mit »Aloe«. Warum Aloe? Die Aloe gehört zur Familie der Agavengewächse – und Agaven wachsen mit Vorliebe an Meeresgestaden, sie sind häufig am Mittelmeer vorzufinden. Und bei »Anemone« ist hier natürlich nicht an unser gleichnamiges Buschwindröschen gedacht, sondern an eine Korallenart, an die See-Anemone. Mithin also:

Sein Alphabet
fängt
mit Aloe an
und Anemone

Der letzte Buchstabe unseres Meerischen ist – wie könnte es ander sein – das Z. Und so klingt es folglich damit aus:

und endet
mit Zitterrochen
und Zaubersprüchen

Der Zitterrochen ist ein sogenannter Knorpelfisch mit flachem Körper und flügelartigen Brustflossen, der in seinem Körper Elektrizität speichert und damit Feinde und Beutetiere betäubt.
Ja, und was Zaubersprüche angeht, einen davon kennt sicherlich jeder – das Meer aber weiß ungezählte. Woher ich das weiß? Vom Meer.

Hilde Domin
Abel steh auf

Abel steh auf
es muß neu gespielt werden
täglich muß es neu gespielt werden
täglich muß die Antwort noch vor uns sein
die Antwort muß ja sein können
wenn du nicht aufstehst Abel
wie soll die Antwort
diese einzig wichtige Antwort
sich je verändern
wir können alle Kirchen schließen
und alle Gesetzbücher abschaffen
in allen Sprachen der Erde
wenn du nur aufstehst
und es rückgängig machst
die erste falsche Antwort
auf die einzige Frage
auf die es ankommt
steh auf
damit Kain sagt
damit er es sagen kann
Ich bin dein Hüter
Bruder
wie sollte ich nicht dein Hüter sein
Täglich steh auf
damit wir es vor uns haben
dies Ja ich bin hier
ich
dein Bruder

Damit die Kinder Abels
sich nicht mehr fürchten
weil Kain nicht Kain wird
Ich schreibe dies
ich ein Kind Abels
und fürchte mich täglich
vor der Antwort
die Luft in meiner Lunge wird weniger
wie ich auf die Antwort warte

Abel steh auf
damit es anders anfängt
zwischen uns allen

Die Feuer die brennen
das Feuer das brennt auf der Erde
soll das Feuer von Abel sein

Und am Schwanz der Raketen
sollen die Feuer von Abel sein

Das Abelgedicht ist eine Hauptsache für mich, wie es »Wen es trifft« war, das ich 1953 geschrieben habe, vor der Rückkehr nach Deutschland. Beide Gedichte handeln, jedes auf seine Weise, von überleben und neu anfangen und von der Liebe, die das eine und das andere möglich macht. Beide sind Aufruf zur Enthaltung vor Unrecht.

Abel steh auf besteht strenggenommen aus zwei voneinander unabhängigen Gedichten, dem Abelgedicht und dem fünfzeiligen Anhang, den ich nach der Mondlandung schrieb.

Das Gedicht war gerade fertig geworden und ist in sich abgeschlossen, obwohl das Nachgedicht keineswegs weniger wichtig ist. Es ist eine Quintessenz der Kain- und Abelgeschichte. Ein Pfarrer sagte zu mir vor einer Schulveranstaltung, die Schüler heutzutage würden sich schwer tun mit der Sache von Kain und Abel. Ich war verblüfft, probierte es aus, der Pfarrer behielt recht. Ganz selten bekommt man eine richtige Auskunft, nicht einmal an Universitäten. Die beste bekam ich bei einer Lesung in einem Gefängnis, wo ein jugendlicher Häftling, ein Drogen-

abhängiger, sich genau informiert hatte anläßlich der Debatte über die Todesstrafe, weil Gott Kain nicht mit dem Tode bestrafte für den Brudermord.
Abel und Kain, die Söhne Adams und Evas, brachten Gott ein Brandopfer dar. Es ist nicht berichtet, daß Kain es unwillig darbrachte, wie zum Beispiel Byron das annimmt. Kain war Akkermann, Abel Hirte, folglich opferte Abel das Lamm, und der Rauch dieses Opfers stieg gerade gen Himmel, während Kains Opfer abgelehnt wurde. Kain war empört über die Bevorzugung Abels und erschlug ihn. Mit diesem Brudermord kam der Tod auf die Erde. Nach der Tat verbarg sich Kain vor Gottes Zorn. Und als Gott nach dem Verbleib von Abel fragte, gab er die bekannte fatale Antwort: »Soll ich der Hüter meines Bruders sein?« Gott zeichnete ihn mit dem Kainszeichen, als Zeichen, daß er nicht erschlagen werden dürfe.
Es war eine Tat des Neids und der Mißgunst, weiter nichts. Abel war bevorzugt ohne einsehbaren Grund, wie's eben oft ungerecht zugeht auf der Welt. Jeder kann das jeden Tag erfahren. Alle Versuche der Rationalisierung sind unnütz. Es gibt hier keinen Trost, auch nicht, daß die Ethnologen sagen, die Zeit des Ackerbaus sei gekommen, mit den Nomaden sei's zu Ende gewesen. Oder daß Kain nur etwas hart zugeschlagen habe, schon habe der Abel dagelegen, wie ein Theologieprofessor erklärte. Nein, die Menschheitsgeschichte beginnt mit dem Brudermord aus Neid. Kain, Bruder ohne Bruder, wie Nelly Sachs sagt. In dem Gedicht ist Abel aufgefordert, wieder aufzustehen, als handle es sich um einen schlecht gespielten Film oder eine Theaterprobe, »bitte neu spielen«.

Abel steh auf
es muß neu gespielt werden
täglich muß es neu gespielt werden
täglich muß die Antwort noch vor uns sein
die Antwort muß ja sein können
wenn du nicht aufstehst Abel
wie soll die Antwort
diese einzig wichtige Antwort
sich je verändern

Wenn Abel mittut, dann bekommt Kain eine zweite Chance, nicht jede Untat, begangen am Mitmenschen, führt ja sofort zum Äußersten. Täglich kann jeder von uns in die Lage des Kain oder in die des Abel geraten. Es geht um die gegenseitige Verantwortung, um den Schutz, der dem Nächsten zu gewähren ist, und um das Sichenthalten von der Gewalttat und vom Neid, der dazu führt. Und das ist das Besondere dieses Gedichts, der Verunglimpfte wird aufgefordert, das zerstörte Vertrauen noch einmal herzustellen, damit es das zweite Mal nicht enttäuscht werde. Wenn das Gedicht erklärt, die Bejahung der Verantwortung für den Nächsten, das

> Ja ich bin hier
> ich dein Bruder

mache Gesetze und sogar offizielle Religionspraxis überflüssig.

> Wir können alle Kirchen schließen
> und alle Gesetzbücher abschaffen
> in allen Sprachen der Erde
> wenn du nur aufstehst
> und es rückgängig machst
> die erste falsche Antwort
> auf die einzige Frage
> auf die es ankommt
> steh auf
> damit Kain sagt
> damit er es sagen kann
> Ich bin dein Hüter
> Bruder
> wie sollte ich nicht dein Hüter sein

Da sagt das Gedicht im Grunde nichts anderes als was Paulus sagt: »Denn wer den andern liebet, der hat das Gesetz erfüllet.« Daß der Autor sich als Kind Abels bezeichnet, was mir beim Vorlesen immer schwer über die Lippen kommt, das bezieht sich darauf, daß in diesem Falle der Autor selber – also ich – zur

Nazizeit Kainshandlungen ausgesetzt war, daß er dabei erfahren hat, wie die Nächsten sich aus dem Staube machten und nicht hinsahen, als ihnen Unrecht getan wurde. Und er ängstigt sich, wenn er heute das Zögern und die Drückebergerei sieht, das Nicht-Geradestehen für den anderen. Mir ist nur von einem Menschen noch bekannt, daß er sich gleichfalls als Kind Abels bezeichnet hat, und das ist James Joyce. Warum Joyce sich als Kind Abels empfand, weiß ich nicht.

Daß Kain die Chance gegeben werde, das nächste Mal, jeden Tag neu, also täglich die Rolle abzulehnen und nicht Kain zu sein, dazu beizutragen wird Abel aufgerufen. Mit der Verneinung der Kainstat durch beide, Opfer und Täter, wird rückwirkend der Menschheit sozusagen ein anderer, ein brüderlicher Anfang ermöglicht: In dem Sinne, daß wir täglich vor diesen möglichen Neuanfang gestellt sind.

Die Tatsache, daß ein Überlebender der Verfolgung dies Gedicht schreibt, einer, der zurückgekommen ist, ist von außen her gesehen und als sei ich ein Dritter, wohl die einzige Möglichkeit, ein solches Gedicht überhaupt zu schreiben; und es stellt in sich bereits dar, was der Autor als Forderung von Abel verlangt, ist also eine Art Interpretation auch der Rückkehr.

Das Nachgedicht handelt von dem Schrecken, den die Mondlandung bei mir auslöste, als habe der Brudermord nun eine weitere Dimension erhalten, die der kosmischen Kriegsführung. Daher wird gewünscht, daß am Schwanz der Weltraumraketen nur Gott wohlgefällige und keine brudermörderischen Feuer brennen mögen.

Und am Schwanz der Raketen
sollen die Feuer von Abel sein

Hans Magnus Enzensberger

Das Falsche

Ein Freund von mir, Ost-Berlin, Leipziger Straße,
Deutsche Akademie, hat der Forschung unlängst
ein vollkommen neues Feld eröffnet:
die Fehlerlinguistik. Ja,
da hätte man viel zu tun.

Als Laie kann ich mir kein Urteil erlauben,
doch ich habe den Eindruck,
die Fehler vermehren sich:
Weiße Mäuse, Albinos mit roten Augen,
die übereinander klettern,
über Sessel und Betten,
und immer mehr weiße Mäuse werfen.

Gespräche am Bankschalter,
Ansichten über die Viererbande,
Richtlinien für die Zukunft des Menschengeschlechts.
Falsches Bewußtsein, sagen die Philosophen.
Wenn es nur das wäre.

Bremsen oder beschleunigen,
Hosen mit oder ohne Aufschlag,
deine Moral oder meine.
Wer sich im Recht wähnt,
ist schon gerichtet.

Sich freischaufeln aus einem Berg
von immer mehr rostigen Schaufeln,
mit bloßen Händen – ich fürchte,

das hat keinen Zweck. Alles verkehrt,
vermutlich auch dieser Satz.

Wenn man den eigenen Worten
eine Zeitlang zuhört,
wie sie dröhnen im eigenen Kopf –
man möchte die Augen zudrücken
wie ein kleines Kind,
sich die Ohren zuhalten
und am liebsten gar nichts mehr sagen.
Aber das wäre falsch.

Gibt es das, wovon ein Gedicht redet, wirklich? Das ist eine heimtückische Frage, an der sich so mancher Philosoph die Zähne ausbeißen könnte. Viele Leute, die nicht weiter darüber nachgedacht haben, bilden sich ein, der Stoff, aus dem Gedichte sind, sei etwas besonders Leichtes und Flüchtiges: Träume, Gefühle, Phantasien. Die Dichter haben das Ihre getan, um diesen Eindruck hervorzurufen.

Frühling läßt sein blaues Band
wieder flattern durch die Lüfte

Eine solche Behauptung stützt sich kaum auf das, was man harte Tatsachen nennt.
»Eigentlich« ist der Frühling keine Person, »eigentlich« läßt er auch keine Bänder flattern, und schon gar keine blauen. Uns, die Leser, stört das aber ganz und gar nicht. Wer möchte behaupten, Träume, Gefühle und Phantasien seien nichts »Wirkliches«? Wir wissen es besser.
Aber vielleicht geht es gar nicht darum, zu prüfen, ob es das, wovon die Worte reden, »gibt«. Wer Mörikes Gedicht liest, der hat es nämlich überhaupt nicht mit einer Jahreszeit zu tun, sondern mit einem Text, also mit Wörtern, Sätzen, Versen, will sagen: mit Sprache. Und die »gibt« es in jedem Fall. Wir sehen sie schwarz auf weiß auf der Seite, und wir hören sie, laut und leise, wenn einer spricht. Schon deshalb ist es eine gute Idee, die Wörter beim Wort zu nehmen. Wer das tut, und öfter einmal ein

Gedicht hört oder liest, der wird bald bemerken, daß es viele lyrische Texte gibt, die nicht nur aus Wörtern bestehen, sondern auch von Wörtern handeln. Dann wird das Mittel zum Thema und das Thema zum Mittel.

Übrigens ist es gar nicht ausgeschlossen, daß in einem Gedicht auch harte Tatsachen vorkommen. Ich habe zum Beispiel »wirklich« einen Freund in Ost-Berlin. Er arbeitet an der Deutschen Akademie der Wissenschaften, und die befindet sich »wirklich« in einem riesigen alten Gebäude an der Leipziger Straße, gleich hinter der Mauer. Mein Freund heißt Dr. Manfred Bierwisch und ist ein berühmter Sprachwissenschaftler. Er hat tatsächlich einen Forschungszweig mitbegründet, der sich Fehlerlinguistik nennt.

Die Fehlerlinguistik schaut den Leuten aufs Maul, aber nicht, wie Herr Duden, um sie zu korrigieren. Im Gegenteil, sie nimmt gerade ihre Fehler ernst. So wie wir unsere Kenntnis des menschlichen Körpers vor allem der Medizin verdanken, also einer Wissenschaft, die sich mit den Krankheiten befaßt, und das heißt gewissermaßen, mit den »Fehlern« des Organismus; genau so, argumentiert mein Freund in Ost-Berlin, könnten wir viel mehr über die Geheimnisse der Sprache erfahren, wenn wir uns nicht nur mit ihrem normalen, reibungslosen Funktionieren beschäftigen, sondern auch mit den Fällen, wo eine Störung eintritt, wo die Sprache sozusagen entgleist. Aus solchen Fehlern ließen sich Schlüsse auf jene unsichtbare Maschinerie ziehen, die unsere Sätze hervorbringt. Soweit die Ideen meines Freundes, die mir einleuchten und von denen ich mir allerhand schöne wissenschaftliche Resultate verspreche.

Allerdings, das Wort »Fehler« hat, wie viele unserer gewöhnlichsten Wörter, nicht nur eine, sondern viele Bedeutungen. Fehler kommen ja nicht nur beim Sprechen vor, sie sind nicht nur das, was ein Lehrer zum Beispiel im Heft mit roter Tinte unterstreicht. Es gibt wissenschaftliche, technische, moralische Fehler. Wenn ein Unglück passiert, wird nach der Ursache gesucht. Im Polizeibericht ist dann vielleicht von einem Materialfehler die Rede, oder von dem berühmten »menschlichen Versagen«. Setzer machen Druckfehler, Ärzte Kunstfehler, Buchhalter Rechenfehler. Die Boutique, deren Besitzer die fal-

schen Klamotten einkauft, bleibt auf ihren Ladenhütern sitzen. Und so weiter.
Die platte Redensart, die behauptet, Irren sei menschlich, ist vielleicht nicht so simpel, wie sie sich anhört. Man kann den Fehler auch als einen unvermeidlichen Lernschritt betrachten, der in jedem komplexen Programm der Selbstorganisation vorkommt. Kinder zum Beispiel machen fast alles, was sie machen, falsch, bevor sie es richtig machen. Wissenschaftler stellen gewagte Hypothesen auf, die sie dann überprüfen, etwa durch Experimente, aus denen hervorgeht, ob ihre ursprüngliche Vermutung richtig oder falsch war. Auch die Wirtschaft kann man als ein riesiges Versuchsfeld betrachten. Ganze Industrien gehen pleite, weil das Management Fehler gemacht hat. Kein Unternehmer, vom Würstchenverkäufer bis zum Konzernchef, kann sicher sein, daß er das Richtige tut. Das stellt sich erst auf dem Markt, das heißt aber auch, erst im nachhinein heraus.
Auch in der Biologie spielen die »Fehler« bekanntlich eine große Rolle. Die Entstehung der Arten, von der Amöbe bis zum Affen, ist undenkbar ohne Mutationen. Die aber sind nichts weiter als »Störungen«, Abweichungen bei der Reproduktion der Zellkerne. Ohne Fehler gibt es keine Evolution.
Wer sich auf die Frage einläßt, was ein Fehler sei, der begibt sich auf ein sehr dünnes, sehr glattes Eis. An jeder Straßenecke und vor jedem Amtsgericht trifft man Leute, die sich nicht darüber einig werden können, was das Falsche ist. Das hat gravierende Folgen, besonders in der Politik. Es gibt ein Gedicht von Gottfried Benn, in dem es heißt:

> Leicht gesagt: verkehrte Politik.
> Wann verkehrt? Heute? Nach zehn Jahren?
> Nach einem Jahrhundert?

Gerade dort aber, wo das Ganze auf dem Spiel steht, die Zukunft einer Gesellschaft oder gar der ganzen Menschheit, da reden sich die Verantwortlichen am liebsten auf »Fehler« hinaus. In der Praxis der Kommunisten gibt es eine besonders fatale, vielbenützte Methode, um das eigene Versagen, ja sogar die eigenen Verbrechen zu bagatellisieren: die sogenannte Selbstkritik. »Genossen, wir haben Fehler gemacht. Wir müssen diese Fehler korrigieren.« Damit ist die Sache in der Regel erledigt, ganz gleich, ob es sich um eine Schlamperei handelt oder um den Tod von zehn Millionen Bauern. Ein ziemlich sonderbares Verfahren für Leute, die sich ansonsten gern auf die »ehernen Gesetze der Geschichte« berufen.

Natürlich sind die Kommunisten nicht die einzigen, die den neutralen Ausdruck »Fehler« bevorzugen, wenn es um ihre eigene Schuld geht. Die Politiker aller Richtungen und aller Länder ziehen sich diesen bequemen Hausschuh gerne an. Nach jeder kleinen Blamage und nach jeder großen Katastrophe treten sie vor die Fernsehkamera und erklären: »Gewiß, auch bei uns sind Fehler vorgekommen. Niemand ist unfehlbar. In Zukunft wird das aber nicht mehr vorkommen.« Kaum ist das Fernsehteam nach Hause gefahren, bereiten die Herren ihren nächsten Fehler vor. Jedes neue Versagen bestärkt sie in der Überzeugung, daß sie unersetzlich sind. Insofern stimmt es eben doch nicht ganz, daß jeder Fehler ein Schritt in einem Lernprozeß ist. Es gibt Leute, und ihre Zahl scheint von Tag zu Tag zuzunehmen, die zwar entschlossen sind, Fehler zu machen, die aber nicht im Traum daran denken, aus ihren Fehlern etwas zu lernen. Solchen Leuten ist natürlich mit keiner Fehlerlinguistik zu helfen, geschweige denn mit einem Gedicht.

Richard Exner

Porträt eines Kindes

Wie viel
durch diese sehr offenen Augen
noch durchmuß

an Menschen, Bildern
und Schrecken,
an Tränen und Garben
von Licht –

Jetzt spiegeln sie,
zwischen Fristen von Schlaf,
von außen und innen
den Himmel.

Die Eigeninterpretation, was immer sie einem Hörer oder Leser bieten mag, für den Autor selbst ist sie nie ganz geheuer – ganz und gar nicht, wenn er oft anderer Autoren Texte deutet oder gar zu lehren versucht. Er muß sich also, um ihn überhaupt interpretieren zu können, seinen eigenen Text als von jemand anderem geschrieben vorstellen. Oder aber er kommt sich dermaßen auf die Schliche, daß es ihm danach auf eine Weile die Sprache verschlägt.
Porträt eines Kindes ist, so meine ich, kein besonders privates Gedicht. Ich halte es für ein öffentliches, vollkommen nachvollziehbares Gedicht. Als Autor etwas über dieses Gedicht zu sagen, fällt mir nicht zuletzt auch deshalb schwer, weil so gut wie nichts erzählt wird. Der epische Gehalt dieser Verse ist gleich Null. Es geschieht nichts. Was überhaupt geschieht, vollzieht sich in der Einbildung des Autors und des Lesers.

Gut – ich habe dieses Kind vor etwa zwei Jahren gesehen. Es existierte also; ich weiß zufällig, daß es noch lebt. Wie es aber heute aussieht, weiß ich nicht. Wie es damals aussah, wird auch der sorgsamste Leser nicht entdecken. Er wird zwar versuchen, es zu entdecken, denn der Titel des Gedichtes erfüllt ihn vielleicht mit Erwartung. Er führt ihn aber in die Irre. Denn das »Porträt« ist kein wirkliches Porträt.
Ich möchte hier in Form einer Anekdote etwas einschalten, was dies noch unterstreicht. Einem Freund und Kollegen, dessen Akkuratesse, ja Akribie in Namen, Titeln und Daten ich fürchte und ihm fast neide, fiel während einer Bahnfahrt ein Abdruck dieses Gedichtes in einer Zeitung in die Hände. Er schrieb mir darüber und schloß seine Bemerkungen mit den Worten: »das Gedicht, meine ich, welches ›Kinderaugen‹ heißt«.
Dieser für meinen Kollegen völlig uncharakteristische Irrtum beweist, daß wir tatsächlich in dem Gedicht nur erfahren, daß das Kind große, »sehr offene« Augen hat. Aber nun wird der Leser, wenn ich mich als Autor nicht verrechnet habe, das fehlende »Porträt« selbst zeichnen, und zwar mit Hilfe seiner Erinnerung, seiner Phantasie, seiner Erfahrung. Er wird sich an ein Kind erinnern, das er gesehen hat, ein Kind, das mit dem, das ich gesehen habe, nichts teilen muß als die »sehr offenen« Augen. Und damit bin ich als Autor jeder weiteren Beschreibung des Kindes enthoben und kann sagen, welches Gefühl, welche Gefühle, dieses Kind, das noch nicht sprechen – und damit von sich und seinen Augen ablenken – konnte, in mir auslöste.
Ich spreche als Autor nicht für das Kind, nicht anstelle des Kindes, wohl aber, wenn dieses Gedicht aufgenommen werden und etwas allgemeine Gültigkeit haben soll, anstelle des Lesers und für den Leser. Das Gefühl, das mich beim Anblick der Kinderaugen befallen hat, ist so universal wie es zwiespältig ist: es ist ein Gefühl der Freude und zugleich das einer nicht zu unterdrückenden Trauer. Was steht diesem Kinde noch alles bevor! Was wird es sich noch alles ansehen müssen. Und aus diesem Gefühl entstand das Gedicht. Es beginnt mit dem, was unausweichlich kommt und beschreibt am Ende noch einmal, wie es jetzt noch ist.

Ich schrieb dieses Gedicht sehr rasch, und es ist kurz und sagt, meine ich, in elf Zeilen das Jetzt und das Später dieses Kindes, jedes Kindes, aus. Es spricht vom Innen und Außen. Und dieser unseren eigenen Blick spiegelnden Struktur, die mir jetzt beim Interpretieren deutlich ist, aber vordem und beim Schreiben nicht einmal vage bewußt war, entsprechen dann auch die Verteilungen der hellen und dunklen Vokale, der langen und kurzen Silben. Jetzt, da ich den Text als Fremder lese, fallen für mich die Akzente in den drei Strophen deutlich auf »Augen«, auf »Licht«, auf »Himmel«. Heute merke ich, warum nach diesem etwas gewaltsamen »durchmuß« eine Pause entstanden ist, die eine neue Strophe notwendig machte: es muß das Gefühl gewesen sein, der Wunsch, man möchte dem Kind, in dessen – übrigens blaue – Augen sich der Himmel zu spiegeln schien, auch wenn es im Zimmer lag und an die Decke oder auf uns sah, das ersparen, was nach unser aller Erfahrung noch kommen muß. Aber nach dem Zögern kommt das, was durch seine Augen »durchmuß«, eben doch: nämlich »Menschen, Bilder, Schrecken, Tränen und Garben von Licht«, und zwar mit jedem Tag mehr: Menschen und Bilder werden in diese Augen hinein-gehen, Tränen werden aus ihnen heraus-treten. »Schrecken« und »Garben von Licht« – Freude und Sonne – stehen bevor: sie können sowohl in diese Augen hinein wie – reflektiert, gespiegelt – wieder aus ihnen heraus.

Dann kommt ein Gedankenstrich. Ich meinte wohl: weiteres Aufzählen sei unnötig, denn jeder Leser werde sich den Rest mühelos ergänzen können. Er werde sich sicher den hier punktuell angedeuteten Lebenslauf dieses Kindes aus eigener Erfahrung vervollständigen. Auch seine Augen sind ja gleichsam Durchgangspunkt von Menschen, Bildern, Schrecken, Tränen und Licht – jeder einzelne kennt die Details und überträgt sie auf andere, überträgt sie in diesem konkreten Fall auf das Gedicht, dessen Vorbild nicht er selbst, sondern nur ich gesehen habe. Und dann schafft der Leser – ganz anders als in einem Erzählgedicht, wo ihm die Handlung serviert wird – aus sich selbst und zusammen mit dem Autor, gleichsam symbiotisch, das »Porträt«, das es nie gegeben hat.

In den letzten vier Zeilen:

> Jetzt spiegeln sie,
> zwischen Fristen von Schlaf,
> von außen und innen den Himmel.

rufe ich den Leser aus seinen – unseren gemeinsamen – Gedanken in die Gegenwart zurück. Jetzt sind des Kindes Augen hell und offen und spiegeln den Himmel. Die Perioden des Wachseins, in denen sie das tun, werden freilich immer länger – schmerzlicher oder freudiger – werden: das Kind wird allmählich immer weniger schlafen. Weshalb ich von »Fristen«, sprich Schonzeit und Aufschub, des Schlafes rede. Die ohnehin nicht seltenen i-Laute werden nun immer häufiger; die kürzeren unter ihnen überwiegen und gipfeln in »Himmel«.
Da die Akzente auf »Augen«, »Licht« und »Himmel« liegen, müßte der Leser die Sensation zunehmender Helle spüren. Diese wird ihm, zumindest momentan, die Trauer, die er um die Zukunft des Kindes empfand, wieder loswerden lassen. Sein Anschauen des Kindes und sein eigenes Angeschautwerden könnten nun wieder die scheinbar untrübbare Freude auslösen, die auch mich zunächst befiel.
Die Augen des Kindes schließen sich in dem Gedicht nicht, obwohl von »Fristen des Schlafes« die Rede ist. Das Kind ist zu jung, um wissend und ahnungsvoll seine Augen vor allem Kommenden zu verschließen oder sie, damit niemand sieht, was in ihm vorgeht, verschlossen zu halten. Das steht diesem Kind – und jedem anderen auch – noch bevor und deshalb, nun schließt sich der Kreis, empfinden wir, wenn wir ihm in die offenen Augen schauen, Freude und Trauer zugleich.
Ich gestehe mit einigem Erstaunen, daß ich das alles nicht bedacht, geschweige lautlich geplant und strukturell kalkuliert hatte. Ich sage nicht, daß man nicht auf diese Weise schreiben könnte. Dieses Gedicht ist aber anders entstanden. Es ging ganz einfach zu: ich sah die offenen Augen des Kindes. Stunden und Tage später waren sie in meinem Gedächtnis immer noch offen, und der Gedanke, was mag noch alles durch sie hindurchmüssen, brachte einen Prozeß in Gang, dessen ziemlich

rasches Resultat die drei Strophen waren, von denen, wenn ich Glück habe – d. h., wenn mir das Gedicht geglückt ist – jeder, der je einem Kind in die Augen gesehen hat und von einem Kind angeschaut wurde, sagen müßte: Ja, so ist es, er hat recht.

Walter Helmut Fritz

Die Zigeuner sind wieder da

Mit schönen Pferden,
mit Hunden, Katzen und Hühnern,
mit ihren bunten Wagen
kamen sie in die Gegend,
liessen sich nieder
drüben am Wald,
assen, was sie
erlebt hatten, wie Brot,
flochten Körbe
und flickten Kessel,
warfen Bälle
nach ihrer Jugend.
Die Zigeuner sind wieder da,
riefen die Kinder.
Aber das Gericht
wies sie aus.
In der Morgendämmerung
nahmen sie ihre Einsamkeit
und zogen weiter.

Was in dem Gedicht als Vorgang zur Sprache kommt – daß Zigeuner, die sich irgendwo niedergelassen haben, von einem Gericht ausgewiesen werden – gehört zur Geschichte der jahrhundertelangen Verfolgungen, denen dieses ursprünglich in Indien beheimatete, seit dem vierzehnten Jahrhundert durch den Vorderen Orient und durch Europa ziehende Volk ausgesetzt war; Verfolgungen, die am grausamsten in der Nazi-Zeit waren, als etwa 80000 mitteleuropäische Zigeuner in den Konzentrationslagern umkamen.

Die Vorstellung, die wir uns gemeinhin von Zigeunern machen, setzt sich aus verschiedenen Teilen zusammen. Einmal enthält sie Merkwürdigkeiten der Lebensart, der Lebensauffassung dieser Menschen – wie etwa die in früherer Zeit übliche, für uns außerordentlich überraschende Sitte, daß alte, lebensmüde Zigeuner lebendig begraben wurden. Dann gehört das dazu, was wir in der Literatur von Cervantes über die Romantik bis hin zu Georg Trakl finden: häufig eher beschönigende Not, Elend beiseite schiebende Schilderungen. Schließlich sei die Operettenromantik erwähnt. Ins Bild gehört die Vorliebe der Zigeuner für Geige und Ziehharmonika, für Trommel, Flöte oder Klarinette; für den Tanz; für das Marionetten-Theater; die Tatsache, daß sie kleinere Dinge wie Nägel, Ringe, Messer, Nadeln, Drahtgeflechte, Siebe, Mausefallen, Vogelkäfige, Löffel, Teller, Schüsseln, Becher herstellen; daß sie sich als Scherenschleifer oder Besenbinder betätigen, mit Pferden handeln oder sich als Tierärzte versuchen, daß die Frauen sich in der Kunst der Wahrsagung üben, mit Karten oder aus den Linien der Hand.
Was uns bisher fehlte, waren authentische Zeugnisse, von Zigeunern selbst verfaßte Literatur. Ihre Zaubersprüche, ihre Märchen, Lieder, Totenklagen wurden nur mündlich überliefert. Man hat begonnen, die Überlieferung zu sammeln, zu übersetzen, zu analysieren. Aber es gibt bisher nur ganz wenige Zigeuner-Autoren, Schriftsteller, die uns ihr Leben, das ihrer Familie auch als Erzähler nahebringen.
Einer von ihnen ist der ungarisch schreibende Menyhèrt Lakatos. Sein Buch ist unter dem Titel *Bitterer Rauch* auch bei uns – in der Deutschen Verlags-Anstalt – im vergangenen Frühjahr erschienen. Lakatos – er ist heute dreiundfünfzig Jahre alt – schildert seine Kindheit und Jugend in einem ungarischen Zigeunerdorf, den nüchternen, harten Alltag, in spröder, unpathetischer, anschaulicher Sprache.
Anstoß für mein Gedicht gab ein Gespräch mit einem Zigeuner, der mir vor einigen Jahren nach einer Lesung von sich erzählte, von seinem Interesse für Literatur, den Schwierigkeiten, mit denen er zu kämpfen hatte, der Isoliertheit, in der er lebte, seiner Unstetigkeit, seinem Versuch, etwas von all dem aufzuschreiben. Seine Ungebundenheit bezeichnete er als sein Glück und

seine Last. Daß seine Ruhelosigkeit sich jemals überwinden lasse, glaube er nicht. Er sei sich auch gar nicht im klaren darüber, ob er das wolle.
Die ersten sechs Zeilen des Gedichts halten fest, daß eine Gruppe von Zigeunern erscheint, mit ihren Tieren und Wagen:

> Mit schönen Pferden,
> mit Hunden, Katzen und Hühnern,
> mit ihren bunten Wagen
> kamen sie in die Gegend,
> liessen sich nieder
> drüben am Wald

Darauf folgen zwei Zeilen, die sich nicht einfach der Anschauung überlassen, die nicht nur sagen, was vor Augen kommt, sondern die eine zwar alltägliche, immer wieder zu Tage tretende, dennoch verhältnismäßig schwierige Erfahrung zu formulieren suchen: daß das, was man erlebt hat, einem gleichsam Nahrung sein kann für das weitere Leben, daß Erinnerung stärkend wirken, daß sie einem helfen kann, weiterzukommen. Wir alle wissen, daß Erinnerung auch bedrückend, lebenshemmend wirken, daß sie einen quälen kann, daß man manchmal versuchen muß, sie nicht überhand nehmen zu lassen. Diese Seite der Erfahrung habe ich in dem Gedicht ausgespart. Genannt wird das, was an weiterführender Kraft in der Möglichkeit der Erinnerung steckt. Die Zigeuner

> assen, was sie
> erlebt hatten, wie Brot

Zwei weitere Zeilen erwähnen einfache Tätigkeiten dieser Menschen, das Flechten von Körben und das Flicken von Kesseln, ehe noch einmal eine metaphorische »Zusammenfassung« versucht wird, wenn es von ihnen heißt, sie

> warfen Bälle
> nach ihrer Jugend

Menschen also, die für Augenblicke mit ihrer Jugend, mit ihrer Kindheit beschäftigt sind. Sie werden wahrgenommen von Kindern, die sich noch in dem Zustand befinden, von dem die Zigeuner nur träumen.

Die Zigeuner sind wieder da

rufen sie. Aber die Freude der Kinder ist kurz. Die Zigeuner bekommen nicht die Erlaubnis, länger an dem Waldstück zu bleiben, das sie sich ausgesucht haben.

In der Morgendämmerung
nahmen sie ihre Einsamkeit
und zogen weiter.

Einsamkeit ist für sie etwas, was sie mit sich tragen, mit sich schleppen, auf Wagen mit sich führen, als Last, ein Hab und Gut, das sie brauchen und fürchten in einem.

Harald Grill
Wegkreuz

vor a poar joahr im mai
hat a se darennt
an dera stell

und allerweil wieder
um de zeit
stehngan do im senfglasl
frische himmelschlüssal

aber eahm
hat da zündschlüssel glangt
zum aufsperrn vom himmel

Anstoß für mich, dieses Gedicht zu schreiben, war ein Wegkreuz an einer kleinen, wenig befahrenen Straße. Noch heute sehe ich es deutlich vor Augen: ein schmiedeeisernes Kreuz, in dessen Mitte ein kleines eisernes Kästchen befestigt ist.

Darin steckt hinter einer schmalen Glasscheibe die Fotografie eines Zwanzigjährigen in Bundeswehruniform. Darunter sind angegeben sein Name sowie sein Geburtstag und sein Sterbetag.

Das Foto ist an den Rändern leicht vergilbt. Das Gesicht auf der Fotografie verblaßt immer mehr. Es ist eine Frage der Zeit, bis man nichts mehr erkennen wird als ein Stück Papier.

Das Kreuz steckt in einem Granitsockel. Auf dem findet gerade noch ein Senfglas Platz, in dem frische Schlüsselblumen stekken.

Meine Frau und ich, wir begegneten diesem Kreuz während einer Wanderung rund um den Bodensee zwischen Lindau und

Friedrichshafen. Es erinnerte uns beide sofort an die Wegkreuze unserer Heimatgegend nördlich der Donau im Vorwald.
Und es weckte die Vorstellung der Zeitungsseiten, die immer wieder am Montagmorgen von Wochenendunfällen berichten, bei denen oft sehr junge Menschen ums Leben kommen.
Wir nehmen die Zeitungsmeldungen hin und vergessen sie bald wieder. Wir gewöhnen uns daran und stumpfen ab.
Solche Wegkreuze dagegen können die Erinnerung an einen ganz bestimmten Unfall und einen ganz bestimmten Menschen über Jahre hinweg festhalten.

vor a poar joahr im mai
hat a se darennt
an dera stell

Sie erinnern uns eindringlicher als die schnellebigen Zeitungsmeldungen, die oft genug nur auf die Darstellung von Sensationen aus sind. Menschen treten dabei in den Hintergrund.
Ziemlich bald, noch während unserer Wanderung notierte ich mir eine erste Fassung des Wegkreuz-Gedichtes. Verschiedene andere Fassungen folgten – längere, kürzere, auch eine hochdeutsche war darunter, die mir sehr fremd und viel zu abstrakt und fern vorkam. Ich suchte nach einer einfachen, leicht verständlichen Darstellung, die auch die Menschen unseres Heimatdorfes verstehen und durchschauen können.
Daneben begann ich, mich auch für andere Wegkreuze bei uns daheim zu interessieren. Ich las in Büchern nach über die Bedeutung von solchen Wegdenkmälern und erfuhr, daß im Mittelalter oft steinerne »Sühnekreuze« an den Straßen standen. Jemand, der einen anderen Menschen totgeschlagen hatte, war gesetzlich verpflichtet, ein steinernes Wegkreuz aufzustellen, damit vorübergehende Wanderer für die »arme Seele« des Toten beten konnten. Aus dem gleichen Grund stellte und stellt man noch heute Kreuze an Unfallorten auf. Ob nun ein Holzfäller an diesem Ort von einem Baum erschlagen, ob ein Kaufmann von einem Räuber ermordet wurde oder ein Autofahrer tödlich verunglückte – immer sollen die Vorübergehenden das Kreuz als Mahnung für ihren eigenen Tod wahrnehmen und für den toten

Menschen und seine Seele beten. Gebete und die Bewahrung der Erinnerung sollen den Toten Schlüssel sein zum Öffnen des Himmelreiches.
Wer bewußt leben will kann nicht vorübergehen am Tod, ganz gleich, ob er religiös ist oder nicht.

und allerweil wieder
um de zeit
stehngan do im senfglasl
frische himmelschlüssal

Der Zwanzigjährige, an den mein Wegkreuz erinnert, hätte sein Leben noch vor sich gehabt.
Ich stelle Vermutungen an über sein Leben:
Vielleicht geschah der tödliche Unfall, als er mit seinem neuen Auto nachts von einer Diskothek heimfuhr – viel zu schnell, aus Freude am Fahren.
Vielleicht war er glücklich in dieser Nacht, weil er sich mit einem Mädchen befreundet hatte, von dem er sich vorstellen hätte können, daß er sie heiratet. Oder umgekehrt: ein Mädchen hatte ihn abblitzen lassen ...
Ich weiß es nicht.
Mehr wüßte bestimmt die Person, die frische Blumen ans Kreuz gestellt hat ...
Vielleicht das Mädchen, das er heiraten wollte? Ich will nicht weiter eindringen in die Geschichte des jungen Mannes.
Aber ich weiß: Autofahren ist für viele ein himmlisches Vergnügen. Es gibt den Geschwindigkeitsrausch, der alles außen herum vergessen läßt. Alle Sorgen verschwinden.
Ein kleiner Augenblick Glückseligkeit ergreift Besitz vom Fahrer ... ein Gefühl von Freiheit für den, der sonst so fest auf dem Boden der Tatsachen klebt. So hebt man ab und lernt fliegen.
Freilich reißt einen der Tod aus dieser Freiheit heraus. Die Fetzen fliegen, und es folgt der Eintritt in eine Welt, die eigene Gesetze hat.
Der Zündschlüssel öffnet vielen die Tür zu dieser anderen Welt.

. . . eahm
hat da zündschlüssel glangt
zum aufsperrn vom himmel

Trotzdem gibt es auch Menschen, denen ist immer noch die Natur, die Schöpfung selbst, ein Schlüssel zum Erschließen dieser anderen Wirklichkeit, die wir Tod nennen oder »ewiges Leben«. Für diese Wirklichkeit stehen im Gedicht die Schlüsselblumen, die »himmlschlüssal«.
Heutzutage geht man nicht mehr viel zu Fuß.
Wir fahren mit dem Auto durchs Land wie durchs Leben. Die Kreuze an den Rändern der Schnellstraßen können wir kaum noch wahrnehmen.
Jeder Lebensweg endet früher oder später im Tod. Das Kreuz ist Erinnerung und Mahnung daran.
Lebenswege können sein wie breite Straßen, auf denen man sich mit ungeheuerer Geschwindigkeit vorwärtsbewegen kann. Sie können aber auch sein wie schmale Pfade, holprige Wald- und Feldwege, auf denen man nur sehr langsam vorankommt.
Ein Auto würde steckenbleiben.
Auch ich wurde ja nur über den Umweg einer Fußwanderung auf das Wegkreuz aufmerksam.
Erst durch die Arbeit am Gedicht *Wegkreuz* und an diesem kurzen Text darüber, bekam ich Augen für die Zusammenhänge. Ich entdecke immer mehr Kreuze an den Straßenrändern. Und ich bin erstaunt, daß ich sie bislang übersehen habe. Das führt auch dazu, daß ich mich bemühe, langsamer zu fahren.
Wie Wegkreuze mehr Wirkung haben können als sensationelle Zeitungsmeldungen, können uns auch Gedichte mit ihrer Bildhaftigkeit tiefer treffen und berühren, hoffe ich.
Sicherlich braucht das Gedicht ebenso wie das Wegkreuz den Menschen, der die Augen öffnet und sich Zeit nimmt fürs Lesen und Schauen.
Sonst rauschen auch weiterhin die Orte, an denen Unfälle passiert sind, an uns vorbei wie die bunten Punkte der Wiesenblumen im Straßengraben. Die sich mehrenden Wegkreuze werden dann höchstens als Zäune rechts und links der Straße wahrgenommen.

Die Geschwindigkeit ist zu hoch.
Die Fahrten führen am Leben vorbei und weg davon.
Wer in den Himmel will, fährt mit dem Auto hinein. Den Zündschlüssel haben wir jeden Tag in der Hand, das Leben auch.

Michael Groißmeier

Von meinen Bleisoldaten

Von meinen Bleisoldaten

träume ich,
immer wieder und wieder,
die ich begraben habe als Kind,
irgendwo in unserem Garten.

Und ich schreite ihn ab,
anderentags,
von einem Baum zum andern,
stochere in die Erde,
bis die Wurzeln bloßliegen.

Aber kein Fund wird mir zuteil
wie jenen damals, bald nach 1945,
die zwei unbekannte Soldaten
exhumiert haben an der Amperbrücke,
nahe bei Etzenhausen,
nahe bei unserem Garten.

In fünfzig Jahren vielleicht
werden die Kinder
der Kinder meiner Tochter
etwas finden beim Spielen,
etwas Klumpiges, Erdfarbenes,
das sich nicht mehr identifizieren läßt.

Dieses Gedicht schrieb ich an einem Wintertag des Jahres 1982, an dem Schnee gelegen haben mag. Ich weiß es nicht mehr so

genau. Aber ich erinnere mich zurück an die Schneetage meiner Kindheit, auch an die Schneetage des Jahres 1945, als der Krieg zu Ende ging und ich zehn Jahre alt war. Damals waren zwei unbekannte Soldaten, die in den letzten Kriegstagen gefallen und an der Amperbrücke Dachau-Etzenhausen, nahe bei unserem Garten, begraben worden waren, exhumiert und in den städtischen Waldfriedhof zur Bestattung überführt worden – ein Ereignis, das mich seither stark beschäftigt, und das auch in mein Gedicht eingeflossen ist. Dieses ist also ein Erinnerungsgedicht, die Wiedergabe erlebter Wirklichkeit, die mich bis in den Traum verfolgt, auch heute noch, nach so vielen Jahren.
Mit dieser Kriegsepisode verbinde ich in meiner Vorstellung meine Bleisoldaten, mit denen ich Krieg gespielt habe, die ich sterben ließ und in unserem Garten begrub. Im Spiel des Kindes zeichnet sich erschreckend die Wirklichkeit jener Kriegsjahre ab, die für mich die Kindheit waren. Fast täglich sah ich marschierende, exerzierende Soldaten, sah Eisenbahnzüge mit Feldgrauen, Geschützen und Panzern an die Front rollen – ich wohne an der Bahnlinie München–Hamburg –, sah, wie feindliche Bomberpulks München anflogen, sah die Nächte gerötet von der Feuersglut der brennenden Großstadt. Und ich hörte im Radio die Nachrichten von siegreich geschlagenen Schlachten, hörte schließlich Durchhalteparolen und Phrasen vom Endsieg. Aber ich hörte auch Angehörige und Nachbarn ihre Gefallenen beklagen. Im Friedhof, durch den ich die Mutter begleitete, nahm auf den Gräbern die Zahl der Birkenkreuze immer rascher zu. Sie gemahnten an die im Feindesland begrabenen oder verschollenen Soldaten. Mich interessierten vor allem die Sterbebilder mit dem schwarzen Eisernen Kreuz und Sprüchen wie »In stolzer Trauer«. Die jugendlichen Gesichter der Gefallenen zeigten sich fröhlich und guter Dinge. Nichts deutete darauf hin, daß ihnen längst Gras wuchs aus Augen und Mund.
Auch über meine Bleisoldaten ist Gras gewachsen. Ich habe die Stellen im Garten vergessen, wo ich sie begraben habe. Das läßt mir keine Ruhe. Immer wieder fange ich an zu suchen. Ich möchte meine Bleisoldaten wieder haben. Ich träume sogar davon. Immer wieder schreite ich unseren Garten ab, gehe von einem Baum zum andern, stochere in die Erde, bis die Wurzeln

bloßliegen. Sie sind um etwas gewachsen, halten etwas fest, enthalten es mir vor: etwas, an dem ich gehangen habe, und das mir lieb gewesen ist. Nicht allein auf die Wurzeln von Bäumen und Sträuchern habe ich es abgesehen, auf die dünne Schicht Rasen, darunter ich meine Bleisoldaten vermute. Es drängt mich, auch die Wurzeln meines eigenen Seins bloßzulegen, sie zu entwirren. Ich will wissen, wo ich selbst wurzele, wo meine Kindheit wurzelt. So sehr sie auch umschattet war von furchtbaren Kriegsereignissen, von hinter vorgehaltener Hand geflüsterten Schreckensmeldungen aus dem nahegelegenen KZ: Heute erscheint sie mir verklärt, mutet sie fast paradiesisch an im Vergleich zur Gegenwart. Damals gab es keine Umweltverschmutzung, kein Waldsterben, keinen lebensbedrohenden Straßenverkehr. In der Amper, meinem vielgeliebten Fluß, den ich in wenigen Minuten erreiche, konnte man noch ohne Vergiftungsgefahr schwimmen. Zum Schlittschuhlaufen hatten wir Kinder die Straßen fast ganz für uns. Nur ab und zu machte sie uns ein Pferdefuhrwerk streitig. Keine Abgasschwaden zwangen dazu, die Fenster geschlossen zu halten. Das Sterben der Menschen, das Töten und Getötetwerden, war etwas Nebensächliches. Es betraf stets nur andere: Soldaten, KZ-Häftlinge, alte Leute. Niemals galt es mir selbst. Ich war gefeit gegen den Tod, war immun gegen das Sterben: Ich war Kind. Den Tod empfand ich nicht als Bedrohung. Das Erwachsenwerden, das Heranreifen der Erkenntnis aber war die Vertreibung aus diesem Zustand, den man später wehmütig die Kindheit nennt, war schlichtweg die Vertreibung aus dem Paradies.

Was mich jetzt umtreibt: Ist es nicht die Suche nach der verlorenen Kindheit, nach dem Paradies? Ist es nicht die Sehnsucht nach einem Leben ohne Furcht, ohne Gefährdung, ohne Krieg und Tod? Aber Gras ist gewachsen über die Kindheit, Schnee liegt darüber!

> Uns ist zergangen der liepliche summer,
> da man brach bluomen da lit nu der sne

so dichtete vor mehr als siebenhundertfünfzig Jahren Heinrich

von Morungen. Seine Klage um Verlorenes stellte ich als Motiv meinem letzten Gedichtband voran.
Wie ich mich auch mühe: Kein »Fund« wir mir zuteil. Meinem Suchen ist kein Erfolg beschieden. Ich finde meine Bleisoldaten, meine Kindheit nicht mehr, die ich zugleich mit ihnen begraben habe.
Am schlimmsten empfinde ich die Gefährdung des Friedens, dieses mühsam erworbenen Friedens, dessen man allmählich überdrüssig zu werden beginnt. Dieser Frieden ohne Vertrag: Ist er nicht lediglich ein Stillhalten, ein Zuwarten, ein sich Belauern? Sieht er nicht schon nach einer erneuten »Vorkriegszeit« aus? Dies deutet, unter eben diesem Titel, der Dichter Heinz Piontek in einem langen zyklischen Gedicht auf beklemmende Weise an; einem Gedicht, das zugleich eine Aufforderung an Überlebende, an noch einmal Davongekommene ist, eine eindringliche Mahnung, nach Krieg und Vernichtung endlich den Frieden zu schaffen. Die Wege zu ihm sind steinig und strittig. Die einen fordern einen »Frieden ohne Waffen«, die andern begnügen sich mit einem »Frieden mit weniger Waffen«. Wieder andere wollen die »Schwerter in Pflugscharen« umschmieden. Allen aber liegt offensichtlich daran, eine Form des Zusammenlebens zu finden, die es ermöglicht, ohne Furcht und in Freiheit zu leben. Dann wird es auch kein Kriegsspielzeug in Kinderhand mehr geben wie zu meiner Zeit, als ich mit Bleisoldaten spielte. Und finden Kinder in fünfzig Jahren vielleicht etwas beim Spielen, etwas Klumpiges, Erdfarbenes, so hoffe ich, daß es nicht mehr zu identifizieren sei. Nichts mehr soll diese Kinder daran erinnern, daß Menschen sich einmal bekriegt haben. Zugegeben, auch die späteren Generationen werden das Paradies auf Erden nicht besitzen. Die Vertreibung aus ihm wird nicht aufhören. Aber den Frieden werden sie haben, wenn wir uns heute um ihn bemühen.

Hans-Jürgen Heise

Baeza ist Bublitz

Eine alte Frau
in schwarzen Kleidern
kommt die Gasse entlang / das Herz
tritt zur Seite ich sehe
für eine Sekunde
meine Großmutter
                    das Gefühl
hat seine eigene Grammatik

Baeza ist Bublitz

Und in dem weitverzweigten
Baum vor der Kirche feilen
Zikaden die Stille an
damit die Ewigkeit zu diesem
einen Augenblick konvertiert

Das Gedicht lebt von der inneren, von der gefühlsmäßigen Gleichsetzung zweier Orte, an denen ich zu verschiedenen Zeiten meines Lebens gewesen bin.

Baeza ist eine Stadt in Spanien. Sie liegt im Tal des oberen Guadalquivir und gehört, geographisch gesehen, noch zu Andalusien, während sie mit ihren bräunlichen Häusern schon den Eindruck eines eher nördlichen, einst kastilischen Provinznestes macht. Durch Gassen, deren Mauerwerk zerbröckelt, ziehen – Sinnbilder einer untergehenden Welt – immer noch Mulis; das Land und die Landwirtschaft sind nahe; und obwohl es hier im Winter empfindlich kalt wird, ist der Sommer von glühender Hitze.

Ich gelangte im August 1973 nach Baeza. Damals reiste ich den Guadalquivir aufwärts, und bei meinem Weg von der Mündung zur Quelle des andalusischen Lebensstromes hielt ich Zwiesprache mit einigen spanischen Dichtern, deren Werk mit dem Guadalquivir verbunden ist.
In Baeza bin ich mir gleichsam selber begegnet, auf der Ebene weit zurückliegender persönlicher Umstände. Ganz gewiß spielte das hochsommerliche Wetter eine Rolle. Ich fühle mich seit je von der warmen Jahreszeit euphorisiert: je heißer es ist, um so intensiver erlebe ich mich, um so stärker spüre ich den sinnlichen Pulsschlag der Welt.
Das war schon in meiner Kindheit so. Und mein Verlangen, über sommerliche Stimmungen mit tieferen Schichten meines Wesens in Verbindung zu treten, hat Spanien zu einem Projektionsraum sowohl meines Heimwehs als auch meiner Sehnsucht werden lassen.
Ich stamme aus Bublitz, einer hinterpommerschen Kleinstadt, die meiner kindlichen Vorstellungskraft auf engstem Raum eine Fülle widerspruchsvoller Erscheinungen bot. Nachdem ich als Dreijähriger meine Mutter verlor, wurde meine Großmutter mütterlicherseits zur wichtigsten Person meiner frühen Jahre. Sie war eine Kriegerwitwe, die eine bescheidene Existenz in einem kleinen verwinkelten Haus in der Oberstadt führte, und immer trug sie schwarze Kleider, von denen etwas Ernstes, Redliches und Vertrauenspendendes ausging.
Als ich in Baeza die Anmutung hatte, daß sie direkt auf mich zukam, war sie schon über fünfzehn Jahre tot. Das wußte ich sehr gut... und dennoch – das Gefühl hat seine eigene Grammatik – war sie für einige Augenblicke wieder körperlich zugegen.
Der betäubende Lärm, mit dem die Zikaden den Mittag durchschrillten, trug vermutlich bei zu meiner Halluzination. Orte, in denen sich die Ereignislosigkeit zu einer Atmosphäre des fast Unwirklichen verdichtet, ziehen mich immer wieder in ihren Bann. Sie bringen mich mit den Schauplätzen einiger traumatischer Kindheitserfahrungen in Verbindung. Doch indem die Erinnerung an alte Ängste rührt, leitet sie auch eine gewisse Befreiung ein, eine seelische Entlastung.

Spanien ist für mich zu einer Ersatzlandschaft für meine verlorengegangene pommersche Heimat geworden. Ich suchte dort in ländlich-kleinstädtischen Verhältnissen nach Entsprechungen für mein osteuropäisches Herkunftsmilieu, so wie ich es in den dreißiger Jahren als Kind erlebt habe. Bei meinem Versuch, mir auf dem Umweg über ein fremdes Land selber näherzukommen, half mir die spanische Dichtung, die auf faszinierende Weise mit gefühlsgenauen Bildern und Metaphern arbeitet.
Ich fuhr 1968 einzig und allein der Poesie wegen zum ersten Mal nach Andalusien. Doch hautnah mit der Wirklichkeit der iberischen Halbinsel in Berührung gekommen, zog mich diese Region wieder und wieder an, und ich entdeckte nicht nur gewisse elementare Übereinstimmungen mit Pommern, ich ließ mich auch, und vor allem, durch die Andersartigkeit stimulieren und bereichern.
Der südlich übersteigerte Sommer war für mich wie eine Droge, unter deren Einwirkung ich aus meinen Bindungen herausfand und mich zubewegen konnte auf verdrängte Erlebnisinhalte.
Weil die Bedingungen meiner Kindheit so waren, daß ich mich bei meinen Familienangehörigen nie nach meiner toten Mutter oder nach meiner Großmutter erkundigen durfte, sind mir meine ersten Lebensjahre ein Geheimnis geblieben. In dieses dunkle und weithin erinnerungslose Land kann ich nur mit poetisch-schweifender Neugier eindringen. Allein metaphorische Erkenntnisblitze können flüchtige Aufhellungen bringen, assoziative Annäherungen an Gefühlszonen, zu denen das Tagesbewußtsein keinen Zugang besitzt.
Als ich in Baeza in einer alten schwarzgekleideten Frau meine Großmutter wiederzuerkennen glaubte, stürzte ich in einen Zeitspalt. Und so wie Gegenwart und Vergangenheit eins wurden, verschmolzen auch die Orte, überlagerten sich die Weltgegenden: aus Pommern wurde Spanien, aus Bublitz – Baeza.
Die déjà-vu-Erfahrung – dieses Erlebnis des »Schon-gesehen-Habens« – zog Entferntestes zusammen und hob den Tod auf, jedenfalls für die Dauer jenes flüchtigen und beglückend-irritierenden Augenblicks, den das Gedicht festzuhalten versucht.

Karl Krolow
Familientisch

Der Familientisch verschafft
die Illusion von Familie.
Man sieht an ihm
überall leere Plätze.
Vater und Mutter
sind hinzuzudenken
bei rostiger Gabel, dreizinkig,
einer zerstoßenen Tasse
und behenden Rotweinflecken,
die sich jeden Abend
vergrößern.
Eine Hintertür steht offen.
Jemand schleicht sich hinaus.

Nichts scheint natürlicher und nichts ist alltäglicher, selbstverständlicher, meint man. Und meint damit vielleicht nicht die gleiche oder auch nur eine ähnliche »Szenerie« wie der Andere, der »Nächste und Beste« und der gewöhnliche Mensch unseres Alltags es versteht: die Rede ist hier vom Familientisch. Den sollte man wirklich kennen. Es scheint, als gehöre keinerlei Phantasie dazu. Man muß ihn sich nicht ausdenken. Doch das Gedicht mit seinen etwas hinterhältigen oder gar tückischen dreizehn Zeilen tut es dennoch. Es fällt ihm nicht leicht, sofort den Tisch und die Runde um ihn sich auszumalen: selbstverständlich, als gäbe es nichts Natürlicheres und ohnehin Gewohntes. Wer von uns hat nicht Vater und Mutter oder Bruder und Schwester. Am Ende – im Idealfall? – könnten mehrere Generationen so an einem Tisch vereint sein. Zu schön, um zu stimmen. Ich weiß nicht. Früher war das selbstverständlich, wie

»Familie haben« selbstverständlich und fraglos war. Doch die dreizehn Zeilen des Gedichts vom Familientisch sind durchaus nicht frag-los. Sie hinterfragen. Sie tun es nicht gleich oder am Ende doch und von Anfang an und das ganze kleine, bodenlose Gedicht durch?

> Der Familientisch verschafft
> die Illusion von Familie

Das fängt – man muß es zugeben – nicht sehr freundlich an.

> Man sieht an ihm
> überall leere Plätze.

Dies klingt nach etwas, das verloren ging, das verschwunden ist und auch verschwunden bleibt. Es klingt nach Verlust. Und der Verlust wird nicht einmal beklagt. Er wird festgestellt. Dies geschieht knapp. Nur keine großen Worte machen! Es ist wie eine stille Verlustanzeige, ohne Aufwand, doch im Konstatieren latent traurig. Was aufkommt ist ein kaltes Gefühl, ein Frösteln, könnte man finden, weil hier etwas nicht mehr stimmt und ein für allemal nicht mehr zu stimmen scheint. Das angestrengte Denken, die Illusion setzen sich in den nächsten Zeilen fort. Es heißt dort rigoros:

> Vater und Mutter
> sind hinzuzudenken.

Also selbst die beiden Personen, ohne die eine Familie nie Familie war. Sie sind fort. Man muß sie sich in der Vorstellung ersetzen, herbeizaubern, einen Trick anwenden, gleichsam. Sie sind berufstätig. Sie sind abwesend und bleiben es hartnäckig. Sie sind vielleicht auch auf andere Art und Weise nicht anwesend: als nicht mehr einverständig miteinander. Anwesend sind nur bestimmte Spuren oder Überreste, Relikte vom Leben der Familie oder Leben in der Familie, eher zufällig und beziehungslos, wenn es heißt, auf welche Weise man sich beide »hinzudenken« muß:

bei rostiger Gabel, dreizinkig,
einer zerstoßenen Tasse
und behenden Rotweinflecken,
die sich jeden Abend
vergrößern.

Diese Verlassenheit, Leere, diese Spuren von Leben, diese Hinterlassungen wirken ein wenig gespenstisch und trist ohnehin. Denn die Eß- und Trinksachen, die Bestecke, Tasse und Gabel, sind beschädigt. Es fehlt ihnen etwas. Sie wurden vernachlässigt. Sie wurden gebraucht und sind im Gebrauch abgenutzt. Eine Hast von gestern und vorgestern, eine entsprechende Lieblosigkeit von morgen und übermorgen, sind – angesichts dieser Zeilen – anzunehmen oder doch nicht undenkbar.

Das Gespenst der Wegwerf-Gesellschaft taucht auf in diesem Gedicht. Sie ist überhaupt der Alpdruck des Gedichts, diese bedenkenlose Benutzergesellschaft, die jeden Gegenstand entwertet, ihn gebraucht und verbraucht, »wie es kommt«, unsorgfältig und lässig. Es wurde und wird hastiger, gleichgültiger gelebt. Genuß scheint nicht aufgekommen zu sein. Man schüttet allenfalls roten Wein in sich, verschüttet ihn, die »behenden Rotweinflecken«, die rasch entstandenen, vergrößern sich jeden Abend, wie es heißt. Man gibt nicht weiter acht darauf. Man muß auch nicht genau wissen, ob hier Tischplatte oder Tischdecke gemeint sind. Dies ist im Grunde gleichgültig. In jedem Falle passiert es so, daß hier weiter getrunken und verschüttet wird. Wer der Lässige war, ist nicht auszumachen. Schemen sind nicht auszumachen, und es muß jetzt deutlich gesagt werden, daß wir es im Text mit bloßen Schemen von Familienmitgliedern zu tun haben. Daher war Anstrengung nötig, um sich Familie überhaupt auszudenken, vorzustellen. Die Illusion ist vollkommen. In dem Schemen- und Schattengedicht vom Familientisch bleibt aber nicht alles wüst und leer. Die beiden letzten Zeilen lassen eine Bewegung besonderer Art aufkommen:

Eine Hintertür steht offen.
Jemand schleicht sich hinaus.

Die Tristheit, die Tücke und Trostlosigkeit werden in diesem Augenblick vollkommen. Werden evident und bedrückend in dieser Fluchtbewegung.

Jemand schleicht sich hinaus.

Und nicht nur dies! Es geschieht durch die offene, die »leere« Hintertür. Nichts ist vor oder hinter jener Ausfluchts- und Verlegenheitstür, dieser Tür, die allein da ist und offensteht und den Ausweg, die Flucht aus dem natürlichen, doch zerstörten, aufgelösten Kreis anbietet: stumm! Da hatte jemand – ein Kind, eine Mutter, ein Vater, ein Familienmitglied, ein »Übriggebliebener«, ein fast Zufälliger – genug von der Einsamkeit am wüsten und leeren Tisch und seinem beklemmenden Eindruck von Beziehungsferne oder Beziehungslosigkeit überhaupt. Das Gedicht von der toten Familiengemeinschaft mag sich eher tückisch tarnen. Es muß im Grund aber mehr zeigen und zeigt es vielleicht, wenigstens in den beiden abschließenden Zeilen: wenigstens Beklommenheit, sicherlich Verlorenheit, ein Im-Stich-gelassen-Sein auch. Da hat jemand genug. Er wagt nichts mehr. Diese Einsamkeit und Stille am benutzten Tisch ist nicht durchzuhalten.
Der Familientisch ist verkommen zur kleinen, familiären persönlichen, intimen Wüste! Und man muß nicht gleich an Nietzsches Prophezeiung denken:

Die Wüste wächst
Weh dem, der Wüsten birgt

um zu wissen, daß dies von Menschenhand und Menschengesinnung herrührt. Ist da noch etwas zu tun, ist hier noch etwas zu helfen?

Dietrich Krusche
WIEDERSEHEN

Ich bin drüben, in der Fremde, immer gut angekommen. Irgend jemand erwartete mich, der mich nicht kannte. Auf einer Tropeninsel war es ein Mann von der Botschaft mit seiner Frau. Sie waren sehr besorgt. Alles sei feindlich hier: das Essen, das Trinken, sogar, nein, besonders das Wasser! Von den Menschen ganz zu schweigen, denen gegenüber nur eins helfe: Mißtrauen bis zum letzten! Es war mitten in der Nacht, ein Regenschauer war gerade niedergegangen, es dampfte noch auf dem Beton der Piste, es dampfte um die Baracke, in der die Formalien stattfanden, Schwaden von Feuchtigkeit lagen über dem zerfurchten Asphaltstreifen, auf dem wir zwischen Palmen und palmengedeckten Hütten zur Hauptstadt rollten. Es war stockfinster. Gegen diese feuchte, von undefinierbaren Gerüchen gebeizte, schweißtreibende Finsternis waren auch die Wagenscheinwerfer machtlos. Spät – jedesmal wieder schien es mir: zu spät! Jetzt! Schon passiert! – tauchten Ochsenkarren, Wasserbüffel, Ziegen, Menschen, Kühe, Lastwagen und Elefanten vor uns auf. Aber nichts geschah. Kein Aufprall, kein Schrei, kein Bersten oder Splittern – obgleich es mir manchmal so vorkam, als seien wir in das große Rad des Ochsenkarrens, in die Flanke des Wasserbüffels, in die Rückfront des unbeleuchteten Lastwagens schon hineingefahren. Die Fremde blieb feucht, friedlich und bei all dem gespenstischen Nachtlärm, der uns umgab, still. Aus der Schwärze tauchten die Menschen und Dinge auf wie aus einer unerschöpflichen Wunderkiste – aus einer black box, meiner black box, muß ich sagen, denn es war alles so, wie ich es erwartet, nein, geträumt hatte – nur eben anders! Und bei diesem Unsinn bleibe ich: wie vorhergewußt, nur eben ganz anders! An die Vorsichtsmaßregeln, die mir auf dieser Fahrt in die black box hinein angeraten wurden, habe ich mich nicht gehalten. Das Mißtrauen bekam keine Chance, einfach deswegen, weil ich es oft nicht einmal ahnte, was zwischen mir und den anderen, mit denen ich zu tun hatte, vor sich ging. Nur warten konnte ich und die Poren öffnen. Auf einmal war ich mit drin. Als Fremder dazugehören! Heute bin ich sicher: es ist eine der besten Möglichkeiten (Rollen, sagen manche ungenau), als Fremder dazuzugehören!

Aufwachen in die erste Helligkeit in dem anderen Land: nach wirrem Schlaf, moskito-besessen, als hätte ich eben noch hundert Hände gehabt und alle seien beschäftigt gewesen mit Kratzen. Die Augen verklebt, in den Gliedern Blei. Aufwachen von einem Klopfen, das schon sehr lange gedauert hat (die ganze Nacht schon?), das so bestimmt ist, daß man sicher sein kann, es wird niemals aufhören. Zum Teufel, was ist?! Gemessen und irgendwie kühl in der Hitze, die am Morgen so feucht und geruchsdicht ist wie in der Nacht, die Antwort, die durch die Tür kommt: Morning-tea, Sir! Es ist sieben Uhr, ich bin, so kommt es mir vor, eben erst eingeschlafen, habe mir vorgenommen, bis in den Mittag zu schlafen; und jetzt steht da einer und hat mich geweckt für eine Tasse überbraunem, fast dickflüssigem, unglaublich bitterem, die Mundhaut gerbendem Tee! Brüllen, um mich schlagen möchte ich – aber, ach nein! Die Gemessenheit, Selbstverständlichkeit, die unerschütterliche Rollenhaftigkeit dessen, der mir das Tablett hinhält (ich bin der Neue, der Schwächere, ich muß lernen!), holt mich kühl in die Tropenhitze, der Tee weckt mich, und neben der Teetasse liegt eine daumenkleine Banane, aromatisch, süß ... Nach dem Namen dieser Bananensorte habe ich auf der Stelle gefragt, den Namen weiß ich heute noch so wie den Geschmack: koli-kottu.

Eine andere Ankunft. Japan. Wieder hatte es geregnet. (Immer wenn ich irgendwo ankam, nicht als Tourist, sondern um zu bleiben und zu arbeiten, hatte es geregnet und die Piste dampfte noch.) Ein deutscher Kollege und ein Botschaftsmann holten mich ab. Auf dem Weg zum Taxi sprachen sie gleichzeitig auf mich ein: Wie wunderbar Japan sei, erzählte der eine, wie unmöglich, wie unerträglich für einen Europäer, der andere. Einen Tag war ich allein in Tokyo. In einer Bar, die europäisch-muffig beplüscht war, aß ich Erdbeeren und trank dazu sake, den japanischen Reiswein. Bis mir schwindlig wurde. In dem Erdbeersake-Rausch kam ich dann wirklich in Tokyo an. Ein japanischer Kollege der Universität, an der ich mitarbeiten sollte, begleitete mich das letzte Wegstück. Ein Inlandflug. Taifunwetter. Als wir in Turbulenzen kamen, wurde er bleich, und Schweiß trat auf seine Stirn. Er tat mir leid, aber ich wußte, daß ich ihm nicht helfen konnte. Da tippte er mir auf den Arm: Ich solle mir doch bitte, sagte er, keine Sorgen machen! Die Maschine werde bestimmt nicht abstürzen. Der Pilot sei ein guter Mann: er kenne ihn persönlich! ... Ich wußte nicht, ob ich lachen, wegsehen oder ihm beruhigend die Hand streicheln sollte. Er hatte mir gesagt, daß es sein erster Flug sei. Offenbar hatte er noch nie ein Flugzeug aus der Nähe gesehen, geschweige denn einen Flugkapitän! Aber da war nun dieser Fremde, für den fühlte er sich verantwortlich, den mußte er, wenn es zu schaukeln begann, trösten. Ich hätte ja Angst haben können. Daß ich gar keine hatte – macht nichts, es gehörte zu seiner Begleiterrolle, mir gut zuzureden. Allmählich, ganz allmählich lernten wir einiges voneinander kennen. Daß einer den anderen kannte, auch nur ein Stück von ihm, nahm keiner von beiden an. Aber wir konnten uns immer öfter aus den Augenwinkeln ansehen und gleichzeitig lachen. Jeder aus seinen eigenen Gründen. Mit deren Verschiedenheit rechneten wir.

Das Wieder-nach-Hause-Kommen ist schwierig. Ich habe es schwerer damit. Die Freunde meinen es nur gut. Die vertrauten Freunde. Das ist es eben: vertraut! Was ich inzwischen erfahren habe und wie das Erfahrene mich verändert hat, können sie nicht wissen. Vielleicht versuchen sie, es abzuschätzen, und merken: es geht nicht! Ich spüre ihre Befangenheit. Ich, der ich wieder da bin, mit dem man Wiedersehen feiert, bin der gute, alte, vertraute Freund – und doch nicht. Was ist dazwischen? Ich versuche, die Lücke zu schließen, indem ich erzähle, wo ich war und wie es war. Aber das macht die Lücke nur größer. Nach kurzem Hinhören hören die anderen weg. Und ich verstehe das auch. Nicht nur Eifersucht auf die Abenteuer dessen, der weggewesen ist, spielt eine Rolle: auch das genaue Gefühl, daß die Erfahrungsdifferenz nicht zu überspielen ist, daß es peinlich ist, sie

durch penetrantes Erzählen zu betonten. Dann lieber gleich zur alten Vertrautheit übergehen, das Gemeinsame betonen: Alltag und Alltagsanekdoten, Essen und Trinken! Das ist der Strudel, in den das Wiedersehen hineingezogen wird. Ich habe es mehrmals erlebt. Gut so, möchte ich sagen! Sei wieder da, halt den Mund, mach mit! Was soll das Bestehen auf Fremde? Im Freundeskreis, im Altvertrauten rundet sich das Leben. Jeder hat seine kleine Privatfremde, und die hat Platz hinter den Zähnen. Wozu also die runde Freundeswelt stören, Beharren auf irgendetwas anderem – der black box? Darauf, daß das Leben eine black box ist? Warum nicht einfach mitmachen, mitreden, auch wenn man schon gar nicht mehr weiß, wovon die Freunde, wenn sie Vertrautes erzählen, eigentlich reden? (Um mich wieder zu beheimaten?)
Sie meinen es nur gut. Sie haben recht.
Der Zwiespalt ist meiner.
Von dem Zwiespalt handelt das Gedicht:

Wiedersehen

Die Freunde haben gesagt:
Komm doch mal wieder!

Sie freuen sich, sitzen im Kreis:
Sag doch was, sagen sie

werfen und fangen, die Worte
fliegen an mir vorbei.

Sie gießen ein und kippen
die Gläser gegeneinander:

von allen Seiten kommt
das Klirren an mein Ohr.

Er war sehr lange weg
sagen sie und nehmen mich

Schulter an Schulter gedrängt
mit an den runden Tisch.

Geruch kommt, Schüsseln klirren.
Wie schön, sagen sie, unter uns!

Ans Tischbein geknotet, während
über mir gegessen wird –

ich richte mich auf.
Der Tisch kippt.

Günter Kunert
Reminiszenz

Was damals die an ihre Trümmer schrieben
als sie vor den Ruinen ihrer Städte standen
ist nachzuahmen uns geblieben
wenn auch die Trümmer längst verschwanden.

Zwei Worte die uns tröstend einbezogen
fern aller Klage allem Streben
die nichts verlangten und nicht logen –
heb deine Hand und schreib: Wir leben.

Schreiben heißt immer und unabweislich: Sich erinnern. Selbst die Utopie, die Imagination von Zukunft, von künftiger Wunscherfüllung entfaltet sich nur aufgrund des erinnerten Gestern, des tief ins Gedächtnis geschlagenen Heute. Der Schriftsteller lebt aus dem Fundus seiner Biographie und aus dem recht fragwürdigen Schatz historischer Erfahrung, die er entweder selber erlitten hat oder deren mittelbarer Teilhaber er ist: Durch Zugehörigkeit zu einem Volk, zu einer sozial bestimmbaren Gruppe, zu einem Glauben, zu einem gesellschaftlichen System. Diese beiden Arten von Erfahrung, die persönliche wie die überindividuelle, verbinden sich unauflöslich in meinem Gedicht *Reminiszenz*. Ich habe erlebt, wie unsere Städte brannten, wie die ausgehöhlten Ruinen zusammenstürzten, hilflos und haltlos. Nach jedem Luftangriff lief man durch die Straßen, in der Nase den Geruch glimmender Balken, des zu Staub pulverisierten Mörtels, des Sprengstoffes der Bomben: Eine unvergeßliche Mischung. Oftmals waren von Gebäuden, von Wohnhäusern nur die Einfassung des Haustores geblieben oder die Außenmauern bis zum ersten Stockwerk. Hier schrieben die

ehemaligen Bewohner mit Kreide ihre Botschaften auf den Verputz.
»Wir leben« war die am häufigsten wiederkehrende Nachricht, unterzeichnet mit den Namen der Überlebenden. Es waren, mit einem Klischeebegriff gesagt, existenzielle Ausrufe. Weil es das Überleben betraf, das Überlebthaben, reduzierte sich die Mitteilung auf diese eine nackte Tatsache. Mehr war eben nicht zu sagen als: »Wir leben«. Es war das Wichtigste für den Schreibenden und zugleich für den zufälligen Passanten, den das gleiche Schicksal noch nicht getroffen hatte, das Erschütterndste: Auf welche Weise da Leute Kunde von sich gaben, mitten im Untergang einer Stadt, Signale, die vielleicht ihren Adressaten niemals mehr erreichten, weil der selber bereits vom Erdboden verschwunden war. Vor einem solchen Grenzpunkt menschlichen Daseins, den die Erinnerung hervorruft, werden viele andere gegenwärtige Probleme und Schwierigkeiten nichtig und erscheinen als Nebensächlichkeiten. Diese beiden Worte, fern allem ideologischen oder sonstwie gearteten Anspruch, gelten auch für uns in unserer scheinbar gänzlich anderen, unvergleichbaren Situation. Scheinbar darum, weil wir uns heutzutage selber mitten in einer umfassenden Zerstörung, in der Vernichtung unserer Umwelt befinden, ohne daß wir die Gefahr schon zur Gänze begriffen hätten. Noch sind wir Überlebende unserer eigenen Tüchtigkeit, unserer technischen und wissenschaftlichen schöpferischen Kraft, aber nicht noch einmal Davongekommene.
So wie die Überlebenden eines Luftangriffes ihr Überleben meldeten, so bleibt auch uns nur zu konstatieren, daß wir noch da sind.
In dieser Selbstvergewisserung aber ist das Verschwinden so vieler anderer stumm ausgesprochen. Denn von unserem eigenen Überlebthaben sprechen, heißt ja, über den Tod anderer beredt schweigen. Die Kehrseite unseres Immernochdaseins zeigt für den, der Augen und Ohren hat, die deutliche Abwesenheit unserer Vorläufer oder gar unserer Zeitgenossen. Keine andere, so ungeheuer apodiktisch vorgetragene Formel wie jene, daß man nach Auschwitz keine Gedichte mehr schreiben könne, hat soviel Verwirrung gestiftet und war so falsch gewesen wie diese.

Ganz abgesehen davon, daß sie den Begriff »Gedicht« auf eine Art weltabgewandter Nabelschau einschränkte, welche nun, angesichts der Massaker und Massentötungen, unmöglich und unerträglich geworden sei, sie, diese Formel, schloß die Dialektik von Sein und Schreiben völlig aus. Gerade nach Auschwitz, nach den ungeheuerlichsten Erfahrungen der Europäer mit ihrer eigenen Unmenschlichkeit, ist eine völlig andere Dichtung entstanden, die von den besagten Erfahrungen grundiert ist. Ihre Gebrochenheit, ihre Melancholie und Trauer, ihre düsteren Farben, meinetwegen sogar ihr Pessimismus, sind Ergebnisse dieser Massenschlachtungen von Menschen. Selbst Lyriker jüngerer Generationen können sich dieser Last, die nicht allein eine moralische ist, sondern auch und vor allem eine geistige, nicht entziehen. Es gibt kaum noch Lyrik, die auf tändelnde und leichtfingrige Weise das Unbegreifliche unserer Existenz behandelt. Es ist ihr ein Ernst zu eigen geworden, der selbst ihre Heiterkeit noch dunkel färbt und die Gefährdung ahnen läßt. Und gerade im Gedenken überstandener und künftiger Gefahren schärft sich der Blick auf die Gegenwart, auf unsere Welt, auf die »Chronik der laufenden Ereignisse«, denen gegenüber das Nach-Auschwitz-Gedicht nie mehr ignorant sein kann. Es hat, wie man sagen könnte, ein höheres Maß an Sensibilität für die Unsicherheit seiner fernen und nahen Umgebung gewonnen.

Was in dem Gedicht aufschimmert, ist so etwas wie ein »Augenblick der Wahrheit«, ein Augenblick des sich selber Gewahrwerdens angesichts der anhaltenden und steigenden Bedrohung. Daraus ergibt sich die Intensität des Empfindens, das alle anderen Gefühle überdeckt oder in diesem Augenblick verdrängt: Hier und jetzt – das ist unser Leben, mehr haben wir nicht als dieses eine. Etwas anderes, etwas Besseres besitzen wir nicht. Und der einzige Trost in diesen und möglicherweise sogar allen früheren Zeiten besteht und bestand einzig darin, daß wir uns einbezogen fühlen in das Leben vor uns und nach uns. Auch wenn dieser Trost flüchtig ist wie die Kreideschrift an der Mauer einer Ruine.

Hermann Lenz
IN DER SCHLECHTEN ZEIT

Johann Präg steht bei den Schafen,
Erzählt von der schlechten Zeit,
Als die Bäuerin nur angeschafft
Und nichts selber getan hat.

Der Knecht hat im Sommer,
Kaum war er eingeschlafen,
Schon wieder aufstehen müssen.
Winters haben sie von ihm verlangt,
Daß er Säcke flickt.

Bei der Versicherung hat der Bauer
Den Schäfer erst nach drei Monaten angemeldet,
Um ein paar Mark zu sparen.
Doch der Schäfer sagt:
»Mir hat niemand was dreinreden können.
Ich hab immer mei Arbeit g'hat.«

Das Gedicht weckt Erinnerungen an Stuttgart, und ich gehe in Gedanken über die Wiesen am Rande des Kräherwaldes, nicht weit vom Feuerbacher Weg. Dort steht, bei den Schrebergärten, Johann Prägs grüner Schäferkarren, und die Schafe weiden am Hang.

Johann Präg stützt sich auf seine Schippe. Den Filzhut ins Gesicht geschoben und eine alte grüne Militärpelerine umgehängt, steht er neben einem Busch und sieht aus wie ein verwittertes moosiges Stück Holz. Sein Gesicht ist tief gebräunt. Er lächelt mir zu und sagt: »So ... Grüß Gott.« Er sagt du zu mir, und es ehrt mich, daß er mich duzt.

Als wir uns kennenlernten, war er dreiundsiebzig Jahre alt. Einmal fragte er mich: »Wie alt bist du?« – »Neunundfünfzig«, gab ich zurück, und er nickte, sah dort hinaus, wo der Asperg in Licht und Dunst verschwamm, und bemerkte: »Das war ich auch mal.« Weiße Haarfransen hingen ihm unter der Hutkrempe über die Schläfe.

Fragte ich ihn, warum er nicht geheiratet habe, so antwortete er, dazu habe er keine Zeit gehabt; aber so eine Große, Blonde (er schaute aufwärts, als stände sie vor ihm), damals droben in Sachsen, die habe gemeint, es müsse unbedingt sein. »Wenn man verheiratet ist, muß man g'sund sein«, fügte er hinzu und erzählte von seiner Gelenksentzündung Anno vierzehn. Seitdem war ihm das linke Knie steif geblieben. »Ich hab nicht in den Krieg müssen; aber der Krieg hat mich auch nicht interessiert, ebensowenig wie die, die oben sitzen ... Es sind ja immer ein paar oben, und die bestimmen, was die andern zu tun haben ... Fünfundvierzig, da war ich in Sachsen, und ich hab gedacht: du gehst lieber weg, bevor die Russen kommen.«

Johann Präg stammt aus Bartenstein in Hohenlohe, Franken. »Meine Familie ... Wir waren schon immer Schäfer, bis weit zurück«, sagte er und machte eine Handbewegung ins Land hinaus, als winke er seinen Vorfahren über die Jahrhunderte hinweg zu. – »Bartenstein: du mußt dir's einmal anschauen. Da wirst du staunen.« Und er erzählte vom Schloß mit den »Fürstensleuten«, die man nicht von den andern wegkenne. »Zu denen sagt man bloß ›Durchlaucht‹, sonst nichts ... Wenn ich zum Fürsten gegangen bin und zu ihm gesagt habe, ich brauche Holz für den Winter, dann hat er zu mir gesagt: Gehst halt hinaus und holst dir, was du brauchst.«

Johanns Vater war am Ende des ersten Krieges »an dieser Grippe« gestorben, die damals gewütet hatte. Und hernach ... Nun ja, in den zwanziger Jahren ... Da saß nach dem Viehmarkt einer am Wirtshaustisch und erzählte, er habe ein Klavier gekauft. »Und alles bar bezahlt!, hat er geschrien, aber Klavierspielen hat er nicht gekonnt«, erzählte Johann und hatte Fältchen um die Augen, denn beim Lächeln verzog er kaum den Mund. Und er kam auf die Bauern zu sprechen und erzählte mir das, was im Gedicht steht. Zu jedem, der bei ihnen schaffte, hatten

sie gesagt: »Wenn's dir nicht paßt, kannst du ja gehen. Ich krieg gleich wieder einen andern.«
Damals rissen sich die Arbeitslosen um die Stellen bei den Bauern, und die Bauern nützten die Notlage derer aus, die von der geringen Arbeitslosenunterstützung weder leben noch sterben konnten. Heut ist das anders. Heutzutage zahlt es sich aus, arbeitslos zu sein ...
Johann hatte zeitlebens nie eine eigene Herde, aber niemand konnte ihm dreinreden, weil er immer unterwegs war. Und immer hatte er seine Arbeit. Kein Wunder, daß ihn die Bauern behielten, denn Johann lebte nur für seine Schafe. Nachts stand er auf und schaute nach seiner Herde im Pferch. »Das mußt du, sonst bist du kein Schäfer«, sagte er und machte mir klar, daß die Schäferhunde mit dem glatten Fell nicht das Richtige waren: »Die kriegen leicht einen Husten, wenn's kalt wird. Altdeutsch ist viel besser. Die Altdeutschen haben ein dickes lockiges Fell, so diese Rötlichen, weißt du.« Und er zeigte auf den Ako, der mich immer mit der Schnauze anstieß, damit ich ihn hinter den Ohren kraulte oder ihm den Hintern tätschelte, wie's jeder Hund gern hat.
»Einen Hund, den mußt du dir ziehen, da gibt's nichts«, sagte Johann. »Ich hab mal einen gehabt, der ist einem Hasen nachgelaufen. Da hab ich ihn an den Ohren gepackt und fest auf den Hintern gestellt. Von da an hat ein Has' an ihm vorbeilaufen können, und der Hund hat nicht mal den Kopf gedreht.«
Übrigens mochte es Johann nicht, daß sein Hund mich schwänzelnd und schnuppernd begrüßte. Der hatte mich überhaupt nicht zu beachten. Wer mit mir redete, das war allein er selbst, nicht der Hund. Leckte der Hund mir die Hand, dann schrie Johann: »Ako, geh raus!« und deutete mit der Schippe links hinüber, wo die Schafe Blätter von den Zweigen rupften. Das konnte Johann nicht leiden. Und Ako rannte weit hinaus, und wenn Johann dorthin und dann wieder woanders hin zeigte, immer lief der Hund so wie Johann es wollte.
Ich bewunderte das. – »Du«, sagte er zu mir, »du kannst mich ablösen. Wirst mein Nachfolger. Hast ja schon alles gemacht.« Und wir erinnerten uns an die zwei frisch geworfenen schwarzen Lämmlein, die ich an ihren glitschigen Läufen vorausgetra-

gen hatte, damit die Alte nachkam. Aber mit der Alten war uns die ganze Herde nachgelaufen, und erst, als ich die Lämmlein hinterm Drahtzaun hatte, war schließlich auch die Alte herbeigebummelt und hatte sich durch die Drahtgittertür schubsen lassen.
Johanns Stuttgarter Herde gehörte einem Fuhrunternehmer, der ihm warmes Essen im Mercedes-Wagen auf die Wiese fuhr und in den Karren hineintrug. Ich brachte Johann einmal eine Dose Schuhwichse und ein Paar Hosenträger. Samstags bekam er frische Wäsche. Wasser hatte er in Benzinkanistern unterm Karren und war immer tadellos gewaschen. Wer schmuddelig daherkam, den mochte er so wenig wie »die Bärtlichmänner«. – »Da lassen die sich Bärte wachsen und sind kaum zwanzig. Früher, so mit vierzig, fünfzig ... da hat ein Mann vielleicht angefangen, sich einen Bart wachsen zu lassen«, sagte er und war immer tadellos rasiert.
»Winters sitz ich hinterm Ofen«, sagte er. Er wohnte bei seiner Schwester und deren Sohn in Bartenstein. Sein Neffe hatte auch Schäfer werden wollen, Johann aber hatte zu ihm gesagt: »Nix da ... du wirst ein Automechaniker. Und jetzt ist er mir dankbar.« Nach einer Weile fügte er hinzu: »Weißt, heutzutag Schäfer sein, das hat keine Zukunft.«
Wenn der Frühling kam, paßte ihm das Herumsitzen im Haus nicht mehr. Dann mußte er hinaus zu seinen Schafen: »Damit man noch ein bißchen Unterhaltung hat«, sagte er, und ich erinnerte mich, daß die Frau seines Neffen zu mir gesagt hatte: »Der Johann wird ganz unleidlich, wenn's Frühjahr kommt. Winters hat er auch immer so einen wüsten Husten.«
Mich fragte er einmal, was ich tue, und ich antwortete ihm: »Ach, weißt du, ich bin halt bei der Zeitung.«
»Ja, was machst du denn da? Trägst du sie aus?«
»Nein ... Weißt du, ich schreib manchmal etwas hinein.«
»So? Sag', könntest du da nicht auch amol etwas über mich schreiben?«
Ich tat's, und er freute sich.

Rainer Malkowski
Einer muss der Letzte sein

Es hätte eine gewisse Logik, wenn ich diesen Text mit der Bitte begänne, ihn *nicht* zu lesen. Denn es handelt sich um ein Gedicht, das ich vor etwa vier Jahren schrieb, auch drucken ließ, und das ich inzwischen – ein wenig spät – leider für schlecht halte. Aber da ich auch sagen will, warum mir dieses Gedicht heute nicht mehr gefällt, lohnt das Lesen vielleicht doch.
Der Titel des Gedichts und seine ersten beiden Zeilen sind ein Zitat. In einem von Joseph Conrads Romanen – *Der Freibeuter* heißt er auf Deutsch – stieß ich auf den Satz: »Einer muß der Letzte sein, und er war es.« Es ist sicher fünfzehn oder gar zwanzig Jahre her, daß ich diesen Satz las, aber ich vergaß ihn nicht mehr und machte ihn schließlich, mehr als ein Jahrzehnt später, zum Ausgangspunkt für das folgende Gedicht:

Einer muss der Letzte sein

»Einer muß der Letzte sein,
und er war es.«

Nicht gerade schwachsinnig,
aber doch so,
daß sich die anderen Kinder an die Stirn tippten.

Ein Stotterer,
der ein paar Meter von uns entfernt
auf dem Bordstein saß.

Aber fehlen durfte er nicht.

Wenn alle Spiele gespielt waren,
gab es immer noch
ihn
für ein wenig Spaß.

Dann wurden wir erwachsen
und er –
wie kränkte es uns,
das zu begreifen –
schließlich ein Mann
wie alle.

Die Geschichte, die das Gedicht erzählt, ist sehr einfach. Es ist eine Kindheitserinnerung, die den Stoff dafür liefert.

Den Stotterer,
der ein paar Meter von uns entfernt
auf dem Bordstein saß,

gab es wirklich. Wir sahen auf ihn herab, und ohne daß es einer Verständigung mit Worten bedurft hätte, waren wir uns einig darüber, ihn nicht an unseren Spielen teilnehmen zu lassen. Warum? Der Grad seiner Zurückgebliebenheit – wenn es sie denn überhaupt gab und ihn nicht einfach seine Sprachbehinderung einschüchterte und linkisch machte – war keineswegs so groß, daß er unfähig gewesen wäre, mitzuspielen. Offenbar war er für uns gerade in seiner Rolle als verlachter Außenseiter wichtig – viel wichtiger, als er es als ein weiteres Mitglied der Gruppe hätte sein können.

Aber fehlen durfte er nicht.

Wenn alle Spiele gespielt waren,
gab es immer noch
ihn
für ein wenig Spaß.

Der Spaß, von dem hier die Rede ist, war für den Betroffenen natürlich alles andere als das. Er bestand in zum Teil brutalen Hänseleien, die zum Ziel hatten, ihn seine *Unter*legenheit und uns unsere *Über*legenheit fühlen zu lassen. Daß es beträchtlichen Unterhaltungswert haben kann, Schwache zu quälen, entdekken Kinder früh.

Merkwürdig ist nun, daß neben diesem unerfreulichen Zug der Menschennatur scheinbar unvermittelt ein entgegengesetzt wirkender Drang bei Heranwachsenden hervortritt: das Bedürfnis nach Gerechtigkeit. Die Sensibilität für ungleiche Behandlung im Elternhaus oder in der Schule ist groß, und sie erstreckt sich nicht nur auf die eigene Person, sondern äußert sich in ihrer schönsten Form auch als Parteinahme für andere.

Inwieweit die Lust an Macht und Unterdrückung auf der einen und brüderliches Gleichheitsstreben auf der anderen Seite Anlagen sind, die unabhängig voneinander in uns wirksam werden, ist eine interessante Frage. Denn unübersehbar stehen diese beiden Anlagen auch in einer Wechselbeziehung.

Unser Selbstwertgefühl scheint sich ohne das Bewußtsein von der Ungleichheit der Menschen nicht entwickeln zu können. Jede Selbstbeobachtung schließt den Vergleich mit anderen ein. Und umgekehrt setzt man bei der Beobachtung anderer Menschen stets sich selbst in vergleichende Beziehung. In welchem Maße also kommt das, was wir Gerechtigkeitssinn und Brüderlichkeit nennen, aus unserem gekränkten Selbstwertgefühl – ganz einfach deshalb, weil wir immer wieder im Vergleich mit anderen schlecht abschneiden und durch den Ruf nach allgemeiner Gleichheit den persönlichen Mangel wettmachen wollen? Demselben Zweck, der Stärkung unseres Ichgefühls, dient auch die Verächtlichmachung eines scheinbar Zurückgebliebenen wie des kindlichen Stotterers in diesem Gedicht. So läßt sich erklären, warum wir einerseits unter Ungerechtigkeiten leiden und sie doch andererseits oft genug selber begehen.

Der Außenseiter, die Minderheiten werden als Diffamierungsobjekt dringend gebraucht, damit die, die im Grunde selber schwach sind, sich einbilden können, stark zu sein. Wird das Diffamierungsobjekt entzogen oder enthüllt es sich irgendwann als gleichwertig, stellt sich bei den Peinigern Enttäuschung ein;

sie reagieren wütend oder gekränkt. Davon spricht die letzte Strophe des Gedichts:

Dann wurden wir erwachsen
und er –
wie kränkte es uns,
das zu begreifen –
schließlich ein Mann
wie alle.

Der Gedankengang, den ich in meiner Interpretation skizziert habe, berührt Grundsätzliches im menschlichen Verhalten. Man wird nun vielleicht meinen: ein Gedicht, das diesen Gedankengang anregt, das der Erkenntnis unfreundlicher Wahrheiten dient, kann so schlecht doch nicht sein. Aber ein Gedicht muß mehr sein als einleuchtender gedanklicher Gehalt. Auch die scharfsinnigste Analyse sollte es nicht ausschöpfen können. Ein Rest muß bleiben, für den es keine Worte gibt – außer eben denen, die das Gedicht selber enthält. Das scheint mir bei diesem Text nicht der Fall zu sein. Er gleicht einer Frucht, finde ich, aus der man spielend leicht den Gedankensaft preßt, und was dann übrigbleibt, ist nicht das Eigentliche und Faszinierende, sondern die nutz- und wertlose Schale.
Außerdem kommt es mir heute so vor, als sei das ganze Gedicht ein im Grunde überflüssiger Kommentar, eine entbehrliche erzählende Illustration seiner ersten beiden Zeilen. Und diese beiden Zeilen, ich sagte es eingangs, sind ein Joseph Conrad-Zitat. »Einer muß der Letzte sein, und er war es.« – Steckt in diesem Satz nicht schon alles – nur eben komprimierter, provozierender, mit genau derjenigen Härte formuliert, die dem schrecklichen Tatbestand angemessen ist? Der Conrad-Satz ist ein schwer verdaulicher Brocken. Ich fürchte, mein Gedicht hat eine dünne, problemlos zu schlürfende Suppe daraus gemacht. Zur Abschreckung sozusagen für alle schnellfertigen poetischen Talente und weil es der Lyrik bekommt, wenn ihre Hörer und Leser unnachsichtig sind, empfehle ich, das Gedicht nun noch einmal im Zusammenhang zu lesen.

Nicht gerade schwachsinnig,
aber doch so,
daß sich die anderen Kinder
an die Stirn tippten.

Ein Stotterer,
der ein paar Meter von uns entfernt
auf dem Bordstein saß.

Aber fehlen durfte er nicht.

Wenn alle Spiele gespielt waren,
gab es immer noch
ihn
für ein wenig Spaß.

Dann wurden wir erwachsen
und er –
wie kränkte es uns,
das zu begreifen –
schließlich ein Mann
wie alle.

Friederike Mayröcker

Kindersommer

erträumter einsamer blauer Engel
in meinem Herzen läutet ein heller Regen
in meinen Händen blühen die Glockenblumen
Salbeiblüten wehen mich an
die Perlenkette der Tränen gleitet
an den liegenden Schläfen nieder
immer ist Nachmittag
immer bin ich über einer Brücke von Staub
mein Birnbaum wirft Scherben ab
leise flötet der Schatten
mein Fuß ist warm und nackt an der Erde
drüben im dunklen Bereich der Schaukel
geigt die Angst
die Stuben sind dumpf und vertraut
über den feuchten Schwellen
blühen Schwertlilien auf
Abend lila und leicht
Abend durch vergessene Fenster
Abend
ich muß mein heißes hüstelndes Kranksein
in hohen Kissen verbergen
Nacht
ich lasse Akazienblätter treiben
ich liebe den Wind
die rauschenden runden Weiden führen
nicht irgendwohin
eine Mohnblume wartet auf mich

Kindersommer: das meint einen bestimmten Sommer, gleicherweise alle Sommer bis zum zehnten Jahr meines Lebens.
Die Örtlichkeit: *Deinzendorf,* ein winziges niederösterreichisches Dorf nahe der tschechischen Grenze, sanft-wellige Hügellandschaft, Korn, Gerste, Hafer, Raps, der betäubende Duft der Akazien, feuchte niedrige Behausungen, Gewinkel, Hütten, Verschläge, wie der Menschenschlag dort: »Das Antlitz haben sie zerstreut, zerstört ...
er läßt den Weinheber bedächtig ins Faß hinunter ...«
Eine morsche Brücke über den seichten und breiten Bach, ein heiliger Nepomuk am linken Brückenwall, die strähnigen Uferweiden, der silbern funkelnde Staub der Dorfstraße, der Lehmvierkanter, ein aus Lehmziegeln gebautes Haus, das vom Großvater auf den Vater gekommen war und verlorenging, als ich mein zehntes Lebensjahr vollendet hatte, der besonnte Innenhof, in seiner vorderen linken Ecke ein knorriger Fliederbaum, der Vorgarten mit Dahlien, Zinnien, Küchenkräutern und rosa Malven, im großen Garten das alte Lusthaus von Klematis umrankt, Lilienbeete, Erdbeeren, Klee, Kletterrosen, Glockenblumen, Salbei und Mohn, am Rande des Gartens, ein wenig zum Bach abfallend, ein winziger Alpengarten mit Hauswurz und Farn.
Vor dem Tor zwei hohe Birnbäume, deren Früchte im späten August in gelbgrünen Scherben vor meinen bloßen Füßen liegen.
Dieses frühe Gedicht, um 1948 entstanden, ist weniger eine Erinnerung an einen geliebten Ort, von dem man Abschied nehmen mußte oder ein schmerzlicher Rückblick auf die vergangene Zeit eines Lebens als Kind, sondern stellt tatsächlich dieses Kind, das ich war, in seiner Körperlichkeit hin, in diese nämliche Jahreszeit – Frühsommer bis Herbst –, in diesen feucht-warmen Landstrich, in diese dörfliche Idylle, in diesen Innenhof, in diesen Garten.
Das Gedicht läßt dieses Kind, tagtraumhaft, mit bloßen Füßen – oder in Christussandalen – über die Dorfstraße laufen, läßt es zwischen den Kissen bei Nacht Hustenanfälle unterdrücken, um die besorgten, nebenan schlafenden Eltern nicht zu wecken, läßt es Tränen vergießen, läßt es im Lehmvierkanter von einer Stube

in die andere trippeln, die Feuchtigkeit steigt an den Wänden hoch, kriecht in die Bettlaken, in die Schränke. Die Dämmerung im Hintergrund des Innenhofs, wo die Schaukel hängt, macht Angst, die Schwertlilien blühen über der Schwelle: so feucht ist es hier! die weißen Lilien in den Beeten sind ebenso groß wie das Kind, sie duften betäubend, und saugt man ihren Duft ein, stäuben sie Lider, Nasenspitze und Lippen gelb.
Neben dem Lusthaus alles in lila und weißen Schleiern, Jasmin und Flieder, Falter und Käfer, Libellen und Glühwürmchen, was für Wunder! der Bach rauscht beständig, die runden Augen, die Wangenklappen, der zähe Bast der Weiden, der Vater schnitzt eine Pfeife aus Weidenruten, einmal flüchtet das Kind vor einer vorüberziehenden Zigeunerfamilie über den Gartenzaun, bleibt in Verzweiflung sekundenlang an den Lattenspießen hängen.
Mit bloßen Füßen einsame Wanderungen die Dorfstraße aufwärts, statt großem Hund gegabeltes dürres Weidengezweig hinter sich mitschleifend, die Fäuste über gerauftem Robinienlaub fest verschlossen, oder, wie im Märchen Akazienblätter auf den Weg streuend, um den Rückweg nicht zu verfehlen, fast immer ohne Spielgefährten, von Mai bis September, im elterlichen Landhaus, Innenhof, Vorgarten, zwei riesige Birnbäume säumen die weißgekalkte Front, Konskriptions-Nummer 102.
Das Kind hatte wassertretend, auf glatten hölzernen Balken, hinter dem Wehr gespielt – »ein unverblümter Landstrich und die Verhältnisse seines Wetters, so glitzerig über die Steine . . .« –, es hatte in immer neuer Verzauberung in die weit aufgesperrten Schnäbel der Schwalben geblickt, wenn sie in tiefen Flügen zum Greifen nah über die Dorfstraße hinwegpfeilten, es war immer wieder über die Schwelle des alten Lehmvierkanters getreten, auf welcher die wilden Schwertlilien und Dahlien wuchsen und dessen dunkelgrünes, mit Sonnenschrägen verziertes Holztor so schwer in den Angeln lag, daß man es kaum zu bewegen vermochte –
es war oft an den gegenüberliegenden Ziehbrunnen gesprungen, dessen Trittsteine sich warm anfühlten und hatte ganze Sommernachmittage in wehmütig-schwereloser Selbstvergessenheit verbracht, indem es seine kleine Mundharmonika an die

Lippen preßte, ohne etwas wie eine Melodie hervorbringen zu können.
Im Schuppen die Schaukel: niemals dorthin in der Dämmerung! ein Küchengarten, ein Kandelaber, die rosa tropfenden Malven über dem Zaun, im Zockeltrab, allein, zu den Maulbeeralleen am Ende des Orts, und hinter dürrem Geraschel verborgen das schwarze Holundermark!

Christoph Meckel

Unglück lässt grüssen

Schlaflos, in einer Märznacht, entdeckte ich das Wort Rabe. Ich drehte und wendete, wiederholte das Wort, bis ich die Sache – den Vogel – allmählich vergaß. Ich trainierte vielleicht eine Stunde lang, variierte Lautstärke und Betonung der Silben, bis nichts mehr vom Vogel da war außer dem Wortlaut. Rraabe, Rraabe, Rraabe. Raab – Raab – Raab – bbe – bbe – bbe. Raha – Raha – Rahaha. Rrbe, Rrbe, Rrbe. Ra-ra-ra. Rabbee, Rabbee, Rabbee. Brr – raa, brr – raa, brr – raa. Raberaberaberabera. Rabpe, Rabpe, Rabpe. Raa – bee, Raa – bee, Raa – bee. Rabe, Rabe, Rabe.
Der Wortlaut gehörte keiner Sprache an, hatte nichts mit Sprache oder Musik zu tun, Zweisilbenlaut ohne Sinn in meiner Hypnose, bedeutungslos, eine leere Logik aus Wortlaut. Dann holte ich, ohne an Sprache zu denken, den namenlosen Vogel in mein Gedächtnis, die Leibhaftigkeit des Raben ohne Wortlaut. Ich vergegenwärtigte Flügel, Auge, Gestalt, Bein, Kralle, Schnabel, den fettigen Glanz der Federn und seine Sprache: Krächzen, schnarrender Rachen (ich hatte den Raben morgens im Nebel gehört, das heißt: ein Krächzen gehört und Rabe gedacht). Ich ließ den Namen des Vogels in meiner Sprache, den Wortlaut Rabe, den ausgelaugten Klang, zurück im Bild der schwarzen Gestalt, das mein Tausend-Raben-Gedächtnis verfertigt hatte, federlich, äugig, schnabelig, beinig, rabenkörperliche Suggestion. Ich sah ihn, hörte ihn, sagte ihn: ›Rabe‹. Er war da, mein Rabe, nicht länger in Arbeit. Vorausgeflogen in ein Gedicht.
Süddeutscher Herbst, Oktobernebel, Nüsse in fauligen Schalen, der Duft neuen Weins. Apfelgeruch in Hausfluren, stürzendes Obst in den Gärten, matschiger Donner – Gewitter für einen Maulwurf. Nasse Abende und leere Straßen.
Mit Freunden fuhr ich in ein Gasthaus aufs Land. Dort wurde

gegessen und getrunken bis spät. Ein leeres Glas fiel vom Tisch, rollte zwischen die Schuhe, wurde aufgehoben, und eine Stimme sagte: »Ungeschickt läßt grüßen!«. Der Satz – nichts Besonderes, eine alltägliche Wendung – schnitt ins Gehirn und setzte sich fest. Ich folgte noch den Erzählungen, redete selbst, aber der Satz schlug durch alle Gespräche, stellte sich quer und besetzte jeden Gedanken. Der Bodensatz des Gedächtnisses wirbelte hoch. Ich erkannte, noch unscharf, den Anfang eines Gedichts.

»Ungeschickt läßt grüßen«. Gehör und Gedankennerven waren in Aufruhr, bemächtigten sich des eingedrungenen Wortlauts (fremder Körper in einem Ameisenhaufen), belauerten jede Silbe und ihr Geräusch, horchten auf Nebengeräusche und mögliches Echo – sie belagerten den noch uneinnehmbaren Wortlaut. Der Satz war brauchbar, kein Zweifel möglich, aber etwas irritierte noch. »... läßt grüßen« – der zweite Teil des Satzes war brauchbar. Irgendwer oder irgendwas ließ grüßen, der Gruß kam aus Entfernungen, die ich nicht kannte, und durchmaß einen Raum, der noch bestimmt werden konnte. Der Gegrüßte (zunächst das vom Wortlaut betroffene, Wein trinkende Ich) konnte im Fortgang der Arbeit umrissen werden. Aber »ungeschickt« – das war noch zu wenig. Die Silbe »un« konnte bleiben – bare Magie. Die schnelle Bewegung der Silbe, das dunkle U, der nasale, schwere, schwebende Ausklang des N, die in der Silbe enthaltene Negation, schließlich der Charakter der Silbe, archaischer Laut aus Vorwelt, Legende, Traum – das Königreich Unn, der Feuergeist Unn (alter Bekannter des Asmodäus), die Ebenen und Flüsse des Landes Unn, das Gebirge Unn. Die Silbe »un« also war verwendbar, das mit ihr verbundene »geschickt« noch beliebig. Das war nicht umfassend, nicht radikal genug, enthielt mehr Zufall als Notwendigkeit und blieb episodisch. Das schlenkerte im Gefolge des »un« und war nicht persönlich genug für meinen Gebrauch. Unsinn, Unfug, Ungestalt, Ungeheuer, Ungemach, Ungeduld oder Unding – das alles traf nicht den Charakter des Worts, das mir fehlte. Vielleicht war im Wortlaut eine Silbe zuviel. Ich war nicht sicher, aber das schien es zu sein. Der Satz und das Wort verlangten nach *einer* Silbe. Also, was fehlte noch?

Während der Fahrt durch den Nebel, spät in der Nacht, war die Silbe da. Sie lautete »Glück«. Also: »Unglück läßt grüßen«. War die Silbe – das einzig mögliche Wort – ein blinder, glücklicher, unverdienter oder verdienter Zufall? Hatte ich es erfunden, gefunden, entdeckt? Hatte ich es aus dem Gedächtnis gegraben, erarbeitet, ausgedacht, eingefangen, geködert? War es ein Einfall oder eine Idee? Kam es ans Licht geflogen – aus welcher Versenkung? Hatte ich es aus Soll und Haben errechnet, Ergebnis lyrisch – privater Algebra? Der Satz war vollkommen. »Unglück läßt grüßen«. Das war mein Satz, nicht nötig, ihn zu notieren. Er gehörte mir und konnte sich nicht entziehen. Was immer geschah und wo immer ich war – der Satz mußte wiederkommen zu seiner Zeit.
Die Zeit für den Satz kam in derselben Nacht. Gegen Morgen schrieb ich ein Gedicht, zwei gereimte Strophen, korrigierte wenig und legte es weg. Zusammenhängender Vorgang von einer Stunde. Weder Mühe noch Willensleidenschaft. Ich kann nicht behaupten, die Verse *gemacht* zu haben, ein seltener Fall. Das Gedicht lief durch die Reime wie Wasser durch Gras. Ich schrieb das Gedicht, als befreie es sich, mit meiner Hilfe, aus der Verhaftung durch einen Stoff, den das Gedächtnis versteint hielt. Urelement des Gedächtnisses, älter als ich, elementare Gestaltlosigkeit, überlagert von Schichten der Erinnerung, babylonische Stille, in der sich die Vorformen möglicher Sprache bewegen, Höhle voll Echo auf Nichts, auf Welt und Vorwelt. Unerlöstheit. Sesam. Schlangengrube.
Die Tiefenpsychologie hat dargestellt, daß solche Vorgänge nichts Besonderes sind. Sie sind den Menschen, die *Sprache machen*, gemeinsam, wirbeln durch ihre Träume und unterhöhlen ihr Denken. Sie provozieren Skepsis, Selbstkritik und Verstand, schärfen Gehör und Optik und beunruhigen ihre Neugier. Sie strapazieren ihren Instinkt und ihre Geduld. Sie beschämen ihr Wissen. Wie immer dieser Prozeß erklärt werden kann – als Erfahrung des einzelnen bleibt er ungeheuer. Er erlaubt kein anwendbares System von Handwerk, er ermöglicht oder bestätigt keine Methode. Jeder Wortlaut und jedes Gedicht stellt den homo faber vor eine erstaunlich unvollendete Tatsache.
Was in der Nacht und im Wein geschrieben wird, kann sich am

folgenden Tag als Klapphorn erweisen. Es kann unleserlich oder unlesbar sein. Schmierpfote, Kauderwelsch, Krakel des Dummen August. Mein Tag war gut, das Gedicht erwies sich als haltbar. Ein Reimpaar schien noch zu flattern, ich tauschte es aus, der Ersatz war Willkür oder Bricolage, bestätigte die Haltbarkeit des ersten und ich nahm ihn zurück. Das Gedicht war fertig und der Titel – Lied – durch nichts zu ersetzen.

Schlief ich, da nachts vorm Haus
anhielt ein Wagen;
sprang der Kutscher heraus:
»Unglück läßt fragen
wenn du was nötig hast
sollst du's ihm sagen,
Unglück wär gern dein Gast
und Wegbereiter,
komm, wenn du Zeit für ihn hast,
Unglück muß weiter.«
Sagte ich: »Freund, ich schlief
er wird's wohl wissen,
hab, da ich nicht nach ihm rief
nichts zu vermissen,
hab ja kein Paradies
je zu verbüßen
und käm das Glückstier, dies
trät ich mit Füßen
unter die Erde tief.«
Lachte der Kutscher und rief:
»Unglück läßt grüßen!«

Heinz Piontek
Ich, Anton Pawlowitsch

Die ersten ausländischen Autoren, zu denen ich mich besonders hingezogen fühlte, waren die großen russischen Schriftsteller des 19. Jahrhunderts. Vielleicht hängt es damit zusammen, daß ich aus dem Osten Deutschlands, aus Oberschlesien, stamme. Mit zwanzig verschwand ich gleichsam ganze Tage in den Romanen Dostojewskijs. Mit dreißig schrieb ich einen längeren Essay über den bei uns nach wie vor unterschätzten Nikolai Lesskow. In Leo Tolstoi sah und sehe ich noch immer den bedeutendsten Erzähler der Neuzeit. Verhältnismäßig spät bin ich auf Anton Pawlowitsch Tschechow (geboren 1860, gestorben 1904) aufmerksam geworden. Er ist der Jüngste, also Letzte in dieser Reihe weltberühmter Schriftsteller, zu der wir noch Puschkin, Gogol, Lermantow, Turgenjew und Gontscharow hinzuzählen müssen. Die Frage nach *dem Größten* ist in der Literatur eigentlich unerlaubt, denn wir verfügen über keine absoluten, wissenschaftlich objektiven Maßstäbe. Wenn ich jedoch sagen soll, wer von ihnen mir am nächsten steht, wen wieder und wieder zu lesen ich nicht müde werde, brauche ich nicht lange zu überlegen. Ja, Tschechow hat die Richtung meines Denkens und Arbeitens wesentlich mitbestimmt; ganz schlicht und unumwunden: von allen mir bekannten Autoren gehört er zu den vier oder fünf, die mir am liebsten sind.

Das Gedicht *Ich, Anton Pawlowitsch*, das ich 1968 oder '69 schrieb, ist von seiner Form her ein Erzählgedicht, speziell ein Rollengedicht. Ich nehme mir die Freiheit heraus, sozusagen in der Rolle Tschechows aufzutreten, oder umgekehrt ausgedrückt – ich leihe ihm meine Stimme, damit er noch einmal über sich und für sich sprechen kann, meine eigene Sache unauffällig miteinbeziehend. In den Jahren um 1968 wurden wir westdeutschen Schriftsteller von Kritik und Publikum häufig ins Gebet genommen. Die Gretchenfrage lautete damals: Wie hältst du es mit der Politik? Oder: Wie steht es um dein Engagement? Mit meinem Tschechow-Gedicht versuchte ich, darauf zu antworten.

Antworten auf solche Fragen können ein Gedicht ruinieren: dann nämlich, wenn sich der Schreibende derart provozieren läßt, daß er dem ideologischen Denken auf den Leim geht. Wir haben es erlebt, wie eine beträchtliche Zahl jener damals angepriesenen Protestgedichte mit der Zeit immer mehr an Bedeutung verlor. Lyriker ließen sich auf Tagesfragen ein, die inzwischen überholt sind. Statt Verse zu bauen, gaben sie gedichtähnliche Stellungnahmen ab oder klopften klassenkämpferische Sprüche im Flattersatz. Als die einzig *Zeitgemäßen* wurden sie von den Trendmachern entsprechend honoriert. Jetzt, nur zehn Jahre später, sind viele dieser stramm ideologisch engagierten Gedichte nur noch Makulatur.

Die Zeit, in der Anton Tschechow lebte, konfrontierte den Dichter mit ähnlichen Fragen und Problemen. Weitblickend, wie er war, ging er auf sie nicht ein. Dabei war er einer der ganz wenigen unter den Autoren seiner Epoche, die ihre staatsbürgerliche Mitverantwortung sehr ernst nahmen, während so manche seiner Kollegen über das gesellschaftliche Engagement nur redeten oder schrieben. Tschechow, schon früh lungenkrank, wagte sich dennoch auf eine kaum vorstellbar strapaziöse Reise quer durch Sibirien bis ans östliche Ende des Reiches, um sich auf der Sträflingsinsel Sachalin von den Zuständen, unter denen die Verurteilten lebten, als Augenzeuge ein Bild zu machen. Seine sehr kritischen Beobachtungen legte er in einem umfangreichen Werk nieder, das für die Menschen auf Sachalin nicht folgenlos blieb.

Als er sich später den Kauf eines Gutes leisten konnte, sorgte er nicht nur für seine eigenen Bauern, sondern für das gesamte Dorf. Er ließ eine Schule bauen, Gärten anlegen, Wälder pflanzen, all das finanzierte er aus der eigenen Tasche. Da er als Arzt ausgebildet war, behandelte er – trotz seiner immensen Arbeitsleistung am Schreibtisch – weiterhin Kranke und Gebrechliche, zumeist kostenlos.

Wie gesagt, als Dichter von Theaterstücken lehnte er es ab, in seinen Dialogen Partei zu ergreifen für die eine oder andere politische Richtung. Doch beherzt stellte er sich in ihnen den umfassenderen, zutiefst menschlichen, den stets gültigen und nicht ein für allemal zu lösenden Fragen. Seine Stücke spielen auf Landgütern, unter wohlhabenden, ebenso auch dem Bankrott entgegensehenden oder ökonomisch schwer geschlagenen Menschen. Sie langweilen sich beinahe alle; es ist die Krankheit ihrer Zeit. Aber ob gescheit oder beschränkt, ernsthaft oder leichtfertig, Tschechows Gestalten kommen mit dem Leben selten zurecht, sie möchten es ändern, fast allen schwebt ein wahrhaftigeres Leben vor. Um der Schwerkraft ihrer Gewohnheiten, Trägheiten und Neurosen entgegenzuwirken, bringen sie nicht genügend Energie und Ausdauer auf. Durch Tschechows dramatisches Werk wie durch sein noch umfangreicheres erzählendes zieht sich das gleiche Sehnen, leise, innig, fast schwermütig: eine Sehnsucht nach Wahrheit, die den Menschen so weit erleuchtet, daß er sich von seinen Zwängen zu befreien vermag.
Tschechow war ein erfolgreicher Schriftsteller; dennoch hatte er auch, gerade am Theater, Niederlagen hinzunehmen. Er blieb in den Krisen standhaft. Er war als Künstler von übergroßer Bescheidenheit, intellektueller Lauterkeit, in literarischen Fragen unbestechlich. Seine Selbstkritik hatte schon fast etwas Pathologisches; in Gesprächen und Briefen machte er seine Arbeiten häufig herunter, bagatellisierte sie; im Widerspruch zu seinem Kunstverstand, einfach aus nicht zu unterdrückender Güte, bezeichnete er zweit- und drittklassige Kollegen als die Besseren.
Wie man in den Wald hineinruft, so schallt es für gewöhnlich heraus. Von Rezensenten und dem Publikum wurde er zwar geschätzt, doch »mangels Besserem«, sie machten sich seine Vorbehalte zu eigen. Die revolutionäre Jugend hielt ihn für einen *Unentschiedenen*. Ein einziges Mal, in einem Brief, bricht es aus ihm hervor: »Ja, habe ich denn nicht von Anfang an gegen die Lüge protestiert!«
Während der Diskussionen 1968 bestärkte mich dieser Satz in meiner Auffassung ganz außerordentlich. Es kann nicht die

Aufgabe der Dichtung sein, eine gerechtere Methode der Verteilung des Sozialprodukts zu propagieren, für diese Klasse oder jene Staatsform sich ins Mittel zu legen. Vielmehr muß es ihr darum gehen, wenn schon nicht die Wahrheit, so wenigstens den Irrtum, zu ergründen – als Annäherung an die Wahrheit. Mit anderen Worten: Sie muß die Unwahrheit aufdecken, vor allem im zwischenmenschlichen Bereich. Anton Tschechow und sein Protest gegen die Lüge erscheinen mir noch heute mehr als nur ein Gedicht wert.
Mein Gedicht lautet nun:

Ich, Anton Pawlowitsch

simuliere Gesundheit,
putze meinen Zwicker,
beobachte die Unkurierbaren.

Als Einziger meiner Gilde
sah ich das Weiße im Auge von Deportierten,
notierte Schreie, Knüppelwunden,
die Wärmequelle des Mondes
in den Nächten auf Sachalin.

Gott stärke mein Gedächtnis,
denn schreibe ich nicht schon wieder
von sich langweilenden Mädchen,
verwöhnten Gaunern, grünen und
grauen Dummköpfen
und habe die Stirn,
demnächst auch noch über
ein Gehölz von Kirschbäumen zu schreiben?

Diese Namenslisten, Hinweise
auf Landgüter, die ich
ans Theater sende.

Die Wahrheit
darf nicht auffallen,

ich mache große Pausen
zwischen den Worten.

So verdiene ich schwitzend
mit durchgefallenen Stücken.

Wenn mich die Alten loben,
dann mangels Besserem,
die Jungen verhöhnen meine weißen
Handschuhe, sie wollen
Blut sehen.

Schon höre ich sie
rund um das
ausgehobene Loch:

Oh, wäre er nicht so
unentschieden gewesen!

Als hätte ich nicht
von Anfang an
gegen die Lüge protestiert.

Rudolf Riedler

Sklavenhaus bei Dakar

Erinnerung an *Roots*
und einen alten Stich im Lesebuch
Die Sklaven schön
in ihrem Elend
Angenehm der Schauer im Rücken

Hier dieser Innenhof
idyllisch
ein Kreuzgang in der Sonne

Erstaunlich leicht
zerbrechlich das Filigran
der Eisenkette
Der Wärter legt
die rostige Manschette
an seine Waden

Schmale Öffnung

Durch diese Tür
sind sie gegangen
auf eine Reise ohne Wiederkehr

Er spricht
von sechs Millionen Menschen

Lange her
geht uns nichts an

Draußen das schimmernde Meer

Erinnerung an *Roots*
und einen Kreuzgang in der Sonne
An Buchenwald und Auschwitz

Ich habe dieses Gedicht aufgeschrieben an einem Vormittag am Strand, am Strand des Atlantiks in Afrika, an der Küste Senegals. Ich war wenige Tage zuvor auf der Insel Gorée gewesen, die vor dieser Küste liegt, eine halbe Schiffsstunde von Dakar, der Hauptstadt, entfernt. Ich war schon einmal auf Gorée gewesen, viele Jahre früher. Damals stand unter den Leuten, die auf der Mole die Ankunft des Schiffs erwarteten, ein junger Mann, kräftig gebaut, gut geschnittenes Gesicht, tiefschwarze Haut. Er sprach mich an: ob er mir die Insel zeigen dürfe. Das ist dort üblich, die Jungen verdienen sich ein wenig Geld damit. Ich zögerte. Einen fremden Ort, eine fremde Gegend, ein fremdes Land entdecke ich am liebsten für mich selber, allein. Aber damals – ich wüßte heute nicht mehr warum – damals willigte ich ein.

Die Insel Gorée ist nicht sehr groß: der Hafen, ein paar Gassen mit alten Häusern, ein paar Plätze mit weit ausladenden Platanen, und am Südende der Insel auf einer steil ansteigenden Höhe eine zerfallene Festung. Über allem liegt der Glanz der Sonne, liegt Ruhe, Beschaulichkeit, liegt der Zauber vergangener Zeit. In den Gärten blüht es und über die bröckelnden Mauern stürzen wahre Wogen von hellroter und violetter Bougainvillea. Der junge Mann, der mir das alles zeigte, hatte eine freundlich-zurückhaltende, unaufdringliche Art; wir blieben den ganzen Tag zusammen. Mittags saßen wir im Schatten einer kleinen Moschee unterhalb der Burg am Meer. Ich hatte ihm Geld gegeben, er war weggegangen und wiedergekommen mit frisch gegrilltem Fisch und einer Flasche Wein. Das Wechselgeld zählte er mir sorgfältig zurück. Wir aßen und blickten aufs Wasser, ich muß wohl auch eingeschlafen sein. Später, als die Sonne schon fast das Kap Manuel drüben hinter Dakar berührte, begann er unruhig zu werden. Er fingerte etwas aus seiner Hosentasche, es war ein aus einem Tierknochen geschnitzter Ring. Er reichte ihn mir; als Souvenir, sagte er. Er nahm das Geld, das ich ihm geben wollte, nicht an. Dann wandte er sich unvermittelt zum Gehen. Er müsse, wie er in seinem etwas holprigen Französisch sagte, *rentrer,* einpassieren. Das Wort verwunderte mich. Ja, wiederholte er, einpassieren, ins Gefängnis. Mir fiel ein, daß Gorée auch eine Gefängnisinsel war, die Gefangenen können sich tagsüber frei bewegen, es gibt keine Gelegenheit zur Flucht. Ich habe zwei Menschen getötet, sagte der junge Mann. Er sagte: *assassiné,* ermordet. Er machte eine Bewegung, als wolle er mir die Hand geben, zog sie aber zurück, und ging ohne ein weiteres Wort durch die schattige Gasse davon.

Den Ring habe ich noch, und an die Geschichte mußte ich natürlich denken, als ich jetzt wieder nach Gorée kam, so was vergißt man ja nicht. Der Junge hatte mir irgendwann seinen Namen gesagt: *Ndongo.* Auch diesen Namen vergesse ich nicht.

Das Gefängnis auf Gorée ist inzwischen aufgelöst, aber sonst hat sich nicht viel geändert, noch immer ist es ein Ort außerhalb der Zeit. Wieder, wie damals, durchstreifte ich die Insel, wieder besuchte ich auch das Sklavenhaus. Es steht an einer der Gassen, ein sehr altes Steinhaus; es mußte erst kürzlich frisch gestrichen worden sein, in einer kräftigen tiefroten Farbe. Durch ein hölzernes Tor betritt man den Innenhof, an dem hinter arkadenartigen Bogen kleine Kammern liegen. Hier sammelte man im 18. Jahrhundert die Sklaven, die man aus den Küstenländern zusammengetrieben hatte; in den feuchten dunklen Zellen lagen sie tagelang, wochenlang, ehe sie auf Schiffen nach Amerika verfrachtet wurden. Gorée war damals einer der großen Umschlageplätze des Sklavenhandels.

Ein amerikanischer Schriftsteller, Alex Haley, Neger und also Nachfahre von Sklaven aus Afrika, hat vor einigen Jahren angefangen, wie man sagen könnte: nach den Wurzeln seiner Herkunft zu graben. Er forschte in Bibliotheken, Archiven, reiste nach Afrika; dort stieß er auf einen Griot, einen Geschichtenerzähler, der ihm eine Geschichte erzählte, die Haley von seiner Großmutter kannte: die Geschichte von Kunta Kinte, dem Jungen, den die Weißen fingen, als er im Wald Holz für eine Trommel schlug. Fortan war Haley überzeugt, seine Heimat und in Kunta Kinte seinen Ur-ur-ur-urgroßvater gefunden zu haben.

Er schrieb ein Buch, *Roots*, »Wurzeln«, das sofort ein Bestseller wurde; er bekam dafür den Pulitzer-Preis. Nach dem Buch wurde eine TV-Serie gedreht, die erfolgreichste der amerikanischen Fernsehgeschichte. Der Film *Roots* ging um die Welt. Auch in Europa, auch in Deutschland diskutierte und weinte man über das Schicksal von Kunta Kinte. Da verschlug's nicht viel, daß dem Autor später nachgewiesen wurde, er habe wohl ein bißchen gemogelt bei seiner Geschichte, auch von Betrug war die Rede. Der Welterfolg war nicht mehr aufzuhalten.
Teile des Fernsehfilms sind hier auf Gorée, in eben diesem Sklavenhaus, gedreht worden. Die Erinnerung an *Roots* liegt nahe. Das Haus ist zur Sehenswürdigkeit geworden, mit Stern im Baedeker, ein Museum, und es gibt einen alten Aufseher, der die Fremden herumführt. Er zeigt auch eine der Ketten, mit denen die Sklaven gefesselt wurden.

Erstaunlich leicht
zerbrechlich das Filigran
der Eisenkette
Der Wärter legt
die rostige Manschette
an seine Waden

Ich sehe dem alten Mann zu, wie er mit der Kette hantiert, ich höre das Klirren des Eisens in der Hitze des Hofs, und ich spüre diese Mischung aus Entsetzen und – einer Art Wohlbehagen, die sich so leicht einstellt, wenn etwas Grauenvolles geschehen, man selber aber verschont geblieben ist.

Angenehm der Schauer im Rücken

Um so angenehmer, wenn das Grauenvolle weit weg und vor vielen Jahren geschah.

Lange her
geht uns nichts an

Aber da ist dann diese Zahl, die der Museumswärter nennt.

Er spricht
von sechs Millionen Menschen

Jedem heute Erwachsenen, der Hitler und sein Regime bewußt erlebt hat, bedeutet diese Zahl etwas, ein Signal. Sechs Millionen Juden sind in dieser Zeit umgekommen – in Dachau, in Sachsenhausen, in Buchenwald und Auschwitz.
Das Gesicht des alten Mannes mit der Sklavenkette vor mir verschwimmt, geht über in das Gesicht Kunta Kintes, des Sklaven aus *Roots* – oder ist es Ndongo, der Gefangene, dem ich vor Jahren hier begegnet war? Die Erinnerung verwischt die Gesichter, das des Opfers, das des Mörders, vermischt Eindrücke und Bilder.
Was ich mit meinem Gedicht sagen will – außer, daß ich eine Erinnerung heraufbeschwöre, so etwas wie ein Urlaubsfoto vorzeige? Nicht sehr viel. Nur ein wenig darüber, wie Menschen mit Menschen umgehen. Und wie sie es vergessen, verdrängen, weit wegschieben – in eine entfernte Ecke oder in eine vergangene Zeit.

Lange her
geht uns nichts an

Wir, nein, wir haben nichts damit zu tun! Und überhaupt ist heute so was nicht mehr möglich! Wirklich? Es braucht ja nicht gleich um Millionen von Menschen, es braucht nicht einmal um Tote zu gehen. Aber werfen wir nur einen Blick in die Zeitung. Jetzt, gleich anschließend. Es sollte mich wundern, wenn wir nichts darüber fänden, wie Menschen mit Menschen umgehen, auch in unserer Zeit, auch an diesem heutigen Tag.

Albert von Schirnding
Epitaph

Gefallene Engel
reiben sich
die Kindheit aus den Augen
beweinen die
abgestürzte Knabenstimme
opfern den
zerbrochenen Vogel
auf der Platte aus Stein

Das Gedicht heißt *Epitaph*. Ein Fremdwort aus dem Griechischen, das soviel bedeutet wie »Grabschrift«, auch »Grabmal«. Warum steht über dem Gedicht nicht einfach der deutsche Titel? Es gilt nicht irgendeinem Grab, das auf einem Friedhof liegt und ausschaut wie viele. In alten Kirchen sind an den Wänden und im Boden schwere Steinplatten eingelassen: Grabmäler für Bischöfe, große Herren, Stifter, Geistesleuchten. Manchmal haben die Jahrhunderte den Stein verwittern lassen, es scheint, als habe er das Bild des Toten, das als Relief aus ihm herausgehoben war, wieder in sich zurückgenommen. Die Züge sind verwischt, und die Schrift, die Namen, Titel und unsterbliche Leistungen des Verstorbenen in lateinischer Sprache verkündet, kann man nur noch mit Mühe entziffern.

Als Aufschrift auf ein so feierliches Grabmal ist mein Gedicht verfaßt. In der letzten Zeile wird die »Platte aus Stein«, auf die es gehört, angesprochen. Wo befindet sie sich und wem ist sie gewidmet? Das Gedicht gibt auf diese Fragen keine direkte Antwort. Eine frühere Fassung war mitteilsamer. In der Mitte des jetzt nur noch aus acht Zeilen bestehenden Gedichts fand sich eine Ortsangabe:

... beweinen die
vom hohen Dom zu Regensburg
abgestürzte Knabenstimme ...

Das Grabmal, dem das Gedicht zugeschrieben ist, hatte also ursprünglich seinen Platz im gotischen Dom der alten Donaustadt Regensburg, wo viele ehrwürdige Kirchen, romanische, gotische, barocke, mit Hunderten von Grabsteinen längst vergessener Toter stehen. Der Tote, den mein Epitaph betrauert, ist noch nicht vergessen, ich habe ihn als Kind öfters gesehen. Denn ich bin in Regensburg aufgewachsen, und der Domkapellmeister Theobald Schrems war dort ein sehr bekannter Mann. Im Stadttheater konnte man ihn mit beschwörenden Bewegungen die Oper *Hänsel und Gretel* dirigieren sehen, die er mit seinem Knabenchor, den Regensburger Domspatzen, aufführte. Wenn man seitwärts saß, boten die Verrenkungen seines Mundes, der dem Hänsel, der Gretel, die ein verkleideter Bub war, dem Sand- und Taumännchen jeden Vokal vorformte, einen beinahe faszinierenderen Anblick als die Vorgänge auf der Bühne.
Die Regensburger Domspatzen haben vor ein paar Jahren ihr tausendjähriges Jubliäum gefeiert. Sie sind aus einer Dompräbende, einer mittelalterlichen kirchlichen Musikschule, hervorgegangen. Auch heute noch begleiten sie jeden Sonntag das Hochamt in Sankt Peter mit ihrem Gesang. Auf Grund einer aus dem letzten Jahrhundert stammenden Tradition wird hier gegen die opernhaften Instrumentalmessen des Barocks die strenge liturgische Musik im Geist der altitalienischen Meister gepflegt. Der reine, von keinem Instrument unterstützte, übertönte Stimmklang trägt wohl zu dem Eindruck des Überirdischen, Engelhaften bei; so ähnlich, denken viele, müsse der Gesang der Himmlischen Heerscharen klingen.
Erst unter dem »Musicus et Magister« Theobald Schrems ersangen sich die Domspatzen auf großen Tourneen ihren Weltruf. Als er 1963 starb, schrieb ich das kleine Gedicht. Seit der Regensburger Dom daraus verschwunden ist, erinnert freilich nur noch die »abgestürzte Knabenstimme« an seinen Anlaß. Der Tod des Chorleiters wird hier in Verbindung gebracht mit dem Ereignis, das die Karriere eines Sängerknaben unwiderruflich

beendet: dem Stimmbruch. Die hohe Stimme stürzt gleichsam tödlich ab – wie ein Vogel, der mit dem Kopf gegen einen Stein stößt, seine Flugsicherheit verliert und von der Spitze einer der beiden Domtürme in die Tiefe fällt. Wenn ich als Kind zu den Türmen hinaufschaute und Wolken darüber hinzogen, sah es aus, als würden die Türme schwanken; dieser Anblick machte mich schwindlig. Der Vergleich der brechenden Knabenstimme mit dem stürzenden Vogel drängte sich mir natürlich, obwohl ich vielleicht nicht einmal daran dachte, durch die Bezeichnung des Chors als Domspatzen auf.

Was mit dem Stimmbruch zerbricht, ist mehr als die schöne Stimme. Stimm-bruch: das signalisiert auch das Ende der harmonischen Übereinstimmung im Verhältnis des Kindes zu sich selbst und seiner Umgebung. Was jedem Zweifel entzogen war – etwa, daß man diesen Vater und diese Mutter hat, in Regensburg und nicht anderswo geboren ist, unter diesen und keinen anderen Bedingungen aufwächst – all das wird auf einmal fragwürdig. Du weißt nicht recht, was mit dir los ist, aber etwas »stimmt« nicht mehr – und dieses Etwas ist gerade das Nächste und Vertrauteste.

Das Kind muß sterben, um als Erwachsener, als neuer Mensch geboren zu werden. Bei Naturvölkern ist dieser Einschnitt noch viel schärfer markiert, während bei uns der Vorgang nur noch individuelle Bedeutung hat: Pubertät ist zur Privatsache geworden. Allenfalls in der Firmung beziehungsweise der Konfirmation hat sich ein Fest der Einweihungsriten in die Welt der Erwachsenen erhalten. Der einzelne aber kann den Übergang als sehr schmerzlich empfinden – als Verlust, Trennung, Absturz – beinah wie einen Tod.

In meinem Gedicht wird das Ende der Kindheit mit dem Tod des Domkapellmeisters in Verbindung gebracht. Die erste Zeile holt am weitesten aus: Sie erinnert an Welt- und Menschwerdung, wie sie in der Bibel erzählt sind: an den Sturz der Engel, die Vertreibung aus dem Paradies.

Aber die gefallenen Engel reiben sich die Kindheit aus den Augen, wie man sich am Morgen den Schlaf aus den Augen reibt. Kindheit als Schlaf: das heißt, daß der kindliche Mensch nicht nur vollkommener, sondern auch mangelhafter als der Erwachsene ist; er ist noch nicht bei sich selbst, muß erst noch zu sich erwachen. Der Stimmbruch zeigt an, daß die Zeit der Unreife zu Ende geht. Das Puppenstadium drängt nach Verwandlung. Wenn nun die zerbrochene Stimme – der abgestürzte Vogel als Symbol für die verlorene Kindheit – auf der Platte aus Stein geopfert wird, dann soll damit angedeutet werden, daß der Tod seinerseits Ende und Anfang ist, ein Übergang aus einem vorläufigen Zustand in einen vollkommeneren. Die *engelhafte* Schönheit des Knabengesangs könnte dabei als Hinweis auf dieses gesteigerte Dasein gelten.

In diesen recht allgemeinen Gedanken über Leben und Tod ist der besondere Anlaß meines Totenliedchens beinahe ganz verschwunden. Es geht nicht um ein bestimmtes Grab, nicht um das Gedächtnis eines bestimmten Mannes. Ich weiß nicht einmal, wo der Domkapellmeister Schrems wirklich bestattet ist. Die Platte aus Stein, auf die meine Grabschrift gehört, kommt nur in meinem Gedicht vor. Das ist auch der Grund, warum die Zeile, die den Regensburger Dom beim Namen nannte, später wieder gestrichen wurde.

Wolfdietrich Schnurre

Wahrheit

Ich möchte das Gedicht, um das es hier geht, um das es mir geht, gern an den Anfang stellen. Es hat einen ungeheuer lapidaren, um nicht zu sagen: anmaßenden Titel. Es heißt *Wahrheit*. Ich dachte mir, da es so viele Wahrheiten gibt, wird man mir diese eine wohl abnehmen können. Doppelt, da es sich nicht um eine abstrakte, eine ungreifbare, sondern um eine sehr konkrete, ja verdinglichte Wahrheit handelt. Genauer: um einen Wahrheitsbefund. Und dieser Befund ist obendrein noch Bild und Gleichnis in eins. Ich brauche als Verseverfertiger jetzt eigentlich nur noch zu gliedern und ein wenig Musik hineinzudirigieren in dieses Gedicht. Alles andre ist vorgegeben; hat stattgefunden; ist zur Erfahrung geronnen; ja, kann sogar nachgeprüft werden – von jedem.

Ein lyrischer Glücksfall also anscheinend. Denn wir kommen im Grunde sogar um eine Erklärung herum. Und von welchem zeitgenössischen Gedicht läßt sich etwas derart Tröstliches schon ungestraft sagen? Offen gestanden: Allzu viele kenne ich nicht. Hier aber nun mein eignes, mein »Wahrheitsgedicht«:

> Ich war vierzehn, da sah ich,
> im Holunder aß eine Amsel
> von den Beeren der Dolde.
>
> Gesättigt, flog sie zur Mauer
> und strich sich an dem Gestein
> einen Samen vom Schnabel.

Ich war vierzig, da sah ich,
auf der geborstnen Betonschicht
wuchs ein Holunder. Die Wurzeln

hatten die Mauer gesprengt;
ein Riß klaffte in ihr,
bequem zu durchschreiten.

Mit splitterndem Mörtel
schrieb ich daneben: Die Tat
einer Amsel.

So weit dieses Gedicht. Noch einmal: *Wahrheit* steht darüber. Wenn ich die Wahrheit betone, scheine ich mich vor ihrem Gegenteil in acht nehmen zu wollen. Was wäre das hier. Das wäre hier das Bild einer Mauer, der auch nicht die winzigste Verletzung zugefügt werden kann. Und genau um eine solche Mauer hat es sich damals, 1964, als dieses Gedicht entstand, auch gehandelt.

Ich lebe in Berlin. Seit 1928. Damals, bis weit in die dreißiger Jahre hinein, ist Berlin eine demokratische Weltstadt gewesen. Dann kam Hitler und hat Berlin degradiert. Dann kam sein selbstverschuldeter Krieg, und Naziberlin wurde verdientermaßen niedergebombt. Dann sind wir, die schuld daran hatten und dennoch übriggeblieben sind, wieder nach Hause gekommen.

Berlin schien gestorben zu sein. Doch so tot, daß es nicht noch hätte geteilt werden können, war es nun auch wieder nicht. Da man nach wie vor Angst vor uns hatte – denn immerhin haben wir zwei Kriege begonnen (wenn auch erfreulicherweise nicht gewonnen) –, ist die selbstprovozierte Grenze jetzt nicht nur durch Deutschland, sondern auch durch die alte Hauptstadt gegangen. Plötzlich wohnten Freunde, die man in einer Viertelstunde besuchen konnte, in einer anderen Welt. Da es wieder eine Welt des Zwanges und der Unfreiheit war, sind Tausende und Abertausende von DDR-Bürgern in Berlin über jene kriegsbedingte Grenze gekommen. Diesen Verlust konnte die DDR sich nicht leisten. Denn es sind auch Scharen qualifizierter Facharbeiter darunter gewesen. Am 13. August 1961 wurde da-

her, jene Grenze entlang, quer durch Berlin eine Mauer gezogen. Ich sage nicht, daß diese Mauer wegmuß. Denn sie ist in ihrer Unmenschlichkeit zugleich ein Mahnmal und eine direkte Folge des Krieges. Ich rede auch nicht von Wiedervereinigung. Denn wir sind uns in Großdeutschland immer nur in Kriegszeiten einig gewesen. Aber ich bin der Meinung, daß man mit den Menschen und in der Politik Geduld haben muß. Es gibt nämlich auch friedliche, sogar logische Wege, um unüberwindliche Mauern überwindbar zu machen; durch zähe und elastische Verhandlungen etwa zum Beispiel. Und wenn schon von Gewalt geredet werden soll, dann rede ich von einer andern als der der Artilleriegeschosse und Bomben.
Ich meine: Die sanfte Gewalt. Die des Baumkeims zum Beispiel, dem es gelingt, eine sechs Zentimeter dicke Asphaltdecke zu sprengen, die man über ihn zog. Oder die des zierlichen Schafhufs, der, als ich im Schützenloch kauerte, und die Schafe über mich weggalloppierten, mir so gegen die Helmkante schlug, daß ich vor Kopfschmerz fast ohnmächtig wurde. Oder eben jene Gewalt, die ein ganz gewöhnlicher Holundersamen umschließt, den eine Amsel am Schnabel auf einen Mauerwall trägt; und Jahrzehnte darauf hat der Holunder, der sich im Flugsand einer Backsteinspalte festgekrallt hat, die Mauer von oben bis unten gespalten –: die Tat einer kraftlosen Amsel.
Wie gesagt: Das ist wörtlich zu nehmen und übertragen gemeint. Dann wäre das also ein berlinisches Anti-Mauergedicht, um das es hier ginge? Nein, *Wahrheit* ist ein Gedicht auf eine Amsel, die Backsteine sprengt. Eine Zauberformel also wahrscheinlich? Nein. Ein politisches Gedicht, das an den gewaltlosen Widerstand appelliert, wie etwa Ghandi ihn praktizierte. Ein politisches Gedicht, dessen Hauptakteure eine Amsel und ein Holunderstrauch sind? Ja. Aber wo steckt da der Wahrheitsbezug? Exakt im Holundersamen. Und obendrein noch im Bild. Das nicht gesucht worden ist. Sondern es wurde – frei Haus – geliefert:

Ich war vierzehn, da sah ich,
im Holunder aß eine Amsel
von den Beeren der Dolde.

Gesättigt flog sie zur Mauer
und strich sich an dem Gestein
einen Samen vom Schnabel.

Sicher nichts Außergewöhnliches. Jedenfalls nicht so, wie es dasteht; nicht so, wie es klingt. Doch wie kommt es, daß mir bei diesen sechs Zeilen jedesmal wieder jener frühe Septembertag 1934 einfällt? Ich hatte die Schule geschwänzt und war von Weißensee, am Nordostrand Berlins, durch die nach Fallobst durftenden Laubenkolonien rüber nach Pankow gelaufen. Hitler war anderthalb Jahre an der Macht, und vor noch nicht mal zweieinhalb Monaten hatte es bei der sogenannten Niederschlagung der Röhm-»Revolte« über hundert Tote gegeben. Jetzt war der Mörder Reichskanzler; bei einer Volksbefragung hatten ihm 84 Prozent der deutschen Stimmberechtigten den Weg in die Zukunft geebnet. Und der Holunder in der zweiten Zeile hat direkt vorm Pankower Gaswerk gestanden. Bei der Mauer, auf die die Amsel dann flog, hat es sich um die Umrandung des weiter nördlich liegenden Friedhofs gehandelt.
Beide Erinnerungsblicke waren politisch getrübt; denn jene längst historisch gewordenen *facts* sind mir ja nicht erst jetzt eingefallen. Nur, warum sind sie dann nicht ins Gedicht eingegangen? Weil ein Gedicht nicht nur vom Hingeschriebenen, sondern oft mehr noch vom Weggelassenen zehrt. Mit anderen Worten: Die Amsel prägte sich ein, weil Hindenburg tot war. Oder anders ausgedrückt: Die Politik hat jene Idylle – Amsel/Holunder/Mauer – nicht nur begünstigt, sondern überhaupt erst möglich gemacht. Diese Idylle ist im Grunde gar keine mehr. Diese Idylle ist Opposition. Und: erster Teil einer ungeheuern Belehrung. Denn:

Ich war vierzig, da sah ich,
auf der geborstnen Betonschicht
wuchs ein Holunder. Die Wurzeln

hatten die Mauer gesprengt;
ein Riß klaffte in ihr,
bequem zu durchschreiten.

Wieder: Bild und Gleichnis zugleich: Die längst verendete Amsel, sie lebt noch einmal in der Erinnerung auf. Sie benennt, worauf es ankommt auf dieser an Politik erstickenden Welt: Aufs Überleben. Auf die Geduld. Auch auf die Geduld des Holunders. Die keinem Gewaltregime weicht. Doch wer hat das möglich gemacht? Jener wiedererstandene Vogel. Also gilt unverrückbar:

Mit splitterndem Mörtel
schrieb ich daneben: Die Tat
einer Amsel.

Gabriele Wohmann

Alte Frau, Ratlos an der Hotelrezeption

Das sagt sie nicht.
Eher streng veranlassend ist ihr Ton:
Schauen Sie nochmal in Ihrer Liste nach!
Mein Name muß vermerkt sein.
Vielleicht unter K
Häufig wird mein Anfangsbuchstabe
Schlecht gehört . . .
Das sagt sie nicht
Zum Burschen
Dem einzigen Mitleidigen im Gewirr
Der Kongressteilnehmer und der
Eifrig-bestechlichen Hotelpersonalkollegen
Sie sagt nicht:
Seien Sie bitte auf keinen Fall jetzt
Zu lieb zu mir
Es macht mich noch älter
Lassen Sie ruhig den Eindruck
Von Unverschämtheit
Ungestört auf mich einwirken
Wenn schon kein Respekt
Für mich zu haben ist
Bitte, lächeln Sie nicht
Nicht sanft, nicht enkelähnlich
Nicht vertraut
Ich möchte Sie unter gar keinen Umständen
Gernhaben . . .
Sähe nach Tränen aus
Verstanden?

Für alles, was ich schreibe, gilt: es soll nicht nachträglich vermutet werden, eigentlich hätte ich ja etwas ganz anderes sagen wollen. Oder: noch sehr viel mehr als da – im Gedicht – zu lesen ist, hätte ich sagen wollen. Ich hätte etwas verkündigen wollen, irgendeine ziemlich große Botschaft, eine Geheimmitteilung an den Leser. Und nun fange also die Arbeit an, dieses noch Verborgene Satz für Satz, Wort für Wort, aus seinem Versteck zu holen. Die Arbeit des Lesers, das Interpretieren!
Ich selber sehe es anders, ich verstehe meine Texte eher buchstäblich.
Das schließt selbständiges Weiterdenken dessen, der liest, aber nicht aus. Nur muß dieses Weiterdenken Vergnügen bereiten. Und für vergnüglich halte ich es, wenn ich selber Leser und nicht Autor bin, daß meine Fantasie sich ans Ergänzen machen kann. Ich will anfangen, mir meine eigenen Bilder zu machen.
Bei diesem Gedicht – *Alte Frau, ratlos an der Hotelrezeption* – stiftet schon der Titel dazu an, sich eine Szene vorzustellen. Anschaulichkeit gehört zu meinen Absichten. Ich lese den Titel und blicke sofort auf ein Mißverhältnis. Die Alte Frau und das Hotel, sie passen nicht zueinander. Erst recht nicht von der elften Zeile an: durch sie wird deutlich, daß es sich um die Eingangshalle eines großen und schicken Hotels handelt. Hier werden Kongresse abgehalten. Hier gehen lebenstüchtige Leute ein und aus, tummeln sich in Gruppenreservierungen. Kein Zimmer frei für die Heldin des Gedichts, die von mir ganz unzeitgemäß »alte Frau«; und nicht »Seniorin« oder »alter Mensch« genannt wird. Sie hat aber ordnungsgemäß und rechtzeitig gebucht und geht trotzdem zwischen weltgewandteren, beruflich beschäftigten Leuten verloren.
Sie ist eine isolierte Person, ein von keinem hier ernstgenommenes Einzelwesen, nicht vielversprechend, eigentlich verdächtig privat, unter keinerlei Schutzdach einer Organisation, sie ist keine Gruppe, sie wird nicht erheblich konsumieren – und ich behaupte im Titel von ihr, daß sie ratlos ist. Sie versucht aber, sich in der Rolle einer Unerschrockenen zu tarnen. Den mehrversprechenden Weg zu ihrem Ziel – sie hat ein Anrecht auf ihr Zimmer – den schlägt sie nicht ein: den Weg über Jammern, Mitleid – und Gnadeheischen. Obwohl das diplomatisch wäre.

Als Frau und alt dazu liefert sie die Bedingungen, zu denen eine gewisse Herablassung abgegeben würde. Nein, diese Frau wünscht nicht einmal Freundlichkeit!

Dringend hofft sie, der einzige am Empfangstresen, der nett zu ihr ist, dieser »Bursche« im Enkelalter werde nicht zu lieb zu ihr sein. Sie möchte nur korrekt und gerecht wie alle andern behandelt werden. Sie möchte nicht übersehen werden, sie möchte nicht, nach einer Diagnose, die auf Unerheblichkeit lautet, getilgt werden: zunächst aus einer Reservierungsliste, dann allgemein gesehen aus dem geschäftigen, gedankenlosen Alltag fremder Menschen. Und doch zieht sie »den Eindruck von Unverschämtheit« einem liebevollen Lächeln des Hotelangestellten vor: sie möchte nicht, durch Gesten des Erbarmens noch bedauernswerter und noch älter werden. Wohlgemerkt: das ist ihre subjektive Empfindung, oder: es ist meine Empfindung, meiner Heldin auferlegt, es ist eine fixe Idee und keine Erkenntnis aus objektivem Wissen. Das Gedicht ist keine Alters-Fallstudie. Fest steht, daß eine »alte Frau«, die sich mit ihrem offiziellen Statusbewußtsein und Rollenklischee in einem harmonischen Einklang befände, erstens wahrscheinlich ihr Zimmer bekäme, zweitens und drittens und niemals ein Gedicht ergäbe.

Die Einwilligenden bieten keine Angriffsfläche, und das heißt: In der Rebellion, und sei sie auch noch so ratlos, birgt sich der Schreibstoff.

Nicht mehr lang – und vor einer anderen Kulisse als dieser – wird jemand »Oma« zur alten Frau sagen. Hier im Drei-Sterne-Hotel wahrt man immerhin den Schein, hier wäre sie, falls es zu einer Anrede käme, doch eher eine »Gnädige Frau«. Dieselbe Person könnte später, vor einer Ampel im Straßenverkehr, aber bei jemandem, der es nicht einmal böse meint – nur: Gut meint er es auch nicht – diese »Oma« sein. Oma: ein nur vorgeblich anheimelnder Titel, denn wo er aus dem familiären Zusammenhang gerissen ist, beinhaltet er ein ansehnliches Quantum Geringschätzigkeit.

Frauen wie meine Hauptperson spüren so etwas. Sie sind die Ausnahme, sie gehören zur Minderheit, der von jeher das interessierte Mitgefühl der Schriftsteller gegolten hat. Es ist die Minderheit der Unanpaßbaren, der Feinfühligen. Alte Frauen wie

meine fahren nicht mit nach Mallorca, in die Türkei, in die Club-Ferien. Meine alte Frau empfindet die Demütigung ihrer Lage – eine andere, eine reiselustige alte Frau aus der Mehrheit der Scheuklappenträger hätte gedacht: Pech gehabt, halb so schlimm, kann passieren; in was für ein lustiges Getümmel wichtiger Geschäftsmenschen bin ich da aber auch geraten! Meine alte Frau sieht nicht wichtige Geschäftsmenschen, sondern Wichtigtuer. Aber daß sie beleidigt ist, will sie nicht erkennen lassen. Sie versucht sich im Umgangsstil, der zum Hotel und seinem Personal paßt, und mit dem Instinkt für die richtige, wenn auch erfolglose Tonart fordert sie, unter einem anderen Anfangsbuchstaben nach ihrem Namen zu forschen.
An dieser Stelle gerate ich selber in eine typische Interpretier-Versuchung. Wie nahe läge es, nun zu folgern: Diese alte Frau möchte eine andere sein! Aber: so habe ich es beim Schreiben nicht gemeint. Verboten, sich in diese Absicht hineinzuassoziieren, ist es trotzdem ganz und gar nicht.

Karl Alfred Wolken

Zu früh, fanden wir

Erst fand der kleine Junge
eine tote Kröte,
und wir erklärten ihm:

Wenn dein Spielzeug, dieser schöne Garten,
wir, der Himmel – wenn alles
nur noch für die andern da ist
und für dich nichts mehr,
das ist Totsein.

Da wollte er ein Vogel sein
und wegfliegen von hier,
wo einem alles weggenommen wird.

Dann fand er einen toten Waldkauz,
die großen Augen ausgehackt
von Krähen,
die Flügel sinnlos.

Betroffen blickte er uns an.

Gut, sagten wir, das Schlimmste
hast du jetzt begriffen, vergiß es.

Gedichte, die man einmal gemacht hat, vor Jahren, entfernen sich im Laufe der Zeit so sehr von einem, daß man sie kaum noch für die eigenen hält. Zwar weiß man es besser, weiß, wie sie entstanden sind und in welche Zusammenhänge ihre Entstehungsgeschichte zu rücken ist, aber wenn man dann eines vor

sich liegen hat wie ich jetzt dieses *Zu früh, fanden wir*, hilft einem das ganze Besserwissen nichts. Man findet sich nicht wieder hinein, man ist unfähig, es noch einmal mit jener Leidenschaft und Anteilnahme zu besetzen, der es sich verdankt, es ist wie ein Stück vergangenen Lebens, unwiederholbar.
Um so klarer gewöhnlich, und auch in diesem Fall, die Erfahrung einer Verlockung und einer Gewalt, unter deren Druck es entstanden ist:

> Erst fand der kleine Junge
> eine tote Kröte,
> und wir erklärten ihm:

Ein Gedicht, das so anfängt, muß weitergehen. Schon das erste Wort schreibt das vor und verspricht es. Und schon die zweite Zeile

> eine tote Kröte

sagt, daß zugleich etwas nicht weiterging, nämlich das Leben dieser Kröte. Gewöhnlich wird davon kein Aufhebens gemacht, wenn hier doch, kann man fragen, warum. Antwort: Wegen der Gewalt des Todes, die nicht hauptsächlich meine Frau und mich, sondern einen unserer Söhne betraf. Er weckte, durch seine Betroffenheit, unsere Aufmerksamkeit.
Er wird damals sieben, höchstens acht Jahre alt gewesen sein, als er die tote Kröte im Park der Villa Massimo in Rom fand, wo wir wohnen, und es wird kaum der erste Krötenkadaver gewesen sein, der ihm auffiel. Denn die Kröten kriechen hier jedes Frühjahr, nach ihrem langen Winterschlaf, aus dem Boden und man hat, wie George Orwell in seinen *Gedanken über die gemeine Kröte* schreibt, »Gelegenheit, etwas zu bewundern, was einem sonst entgeht, nämlich ihre Augen, die schönsten von allen Tieren. Sie schimmern wie Gold, genauer gesagt, wie einer jener goldfarbenen Halbedelsteine, die man manchmal an Siegelringen sieht und die, glaube ich, Chrysoberylle heißen.«
Ein Dutzend Autos auf dem Grundstück sorgen dafür, daß die dem nächstbesten Brunnen zustrebenden Kröten einige, bis zur

Unkenntlichkeit entstellte Opfer zurücklassen müssen, die, zermalmt und zerquetscht, auf den Wegen liegen und im Laufe des Frühjahrs alle Phasen vom blutigen, plattgewalzten Geschöpf zum ausgedörrten, schwarzbraunen Relikt durchlaufen, während die Masse der Überlebenden sich intensiver Fortpflanzungstätigkeit hingibt. Neben dem Laichen und dem Gewimmel unzähliger Kaulquappen in den Brunnen machen diese toten Kröten vor allem auf Kinder den größten Eindruck, die sich noch Zeit zu Betrachtung lassen und ihren Funden eine besondere Bedeutung zumessen.
Wenn man weiß, wieviel von den Eindrücken der frühen Jahre abhängt, wird man die Erlebnisse seiner Kinder erst recht aufmerksam verfolgen und wird, wenn sich einem Kind erstmals der mächtige Schrecken vor dem Faktum des Todes aufdrängt und es zu Fragen antreibt, alles Denkbare tun, um ihm die Fatalität und alles, worum sie einen bringt, anschaulich zu machen.
Wir versprachen uns von der Aufzählung der Verluste eine Aufhellung, vielleicht sogar die Aufhebung des Banns, in dem der Junge sich einen Augenblick zu befinden schien.

Da wollte er ein Vogel sein
und wegfliegen von hier,
wo einem alles weggenommen wird.

Nichts fanden wir natürlicher, als seinen Wunsch, fortzufliegen von einem Ort, wo man am Ende alles verliert und wo, in diesem Augenblick, der Park ganz und gar nicht jene selige Idylle war, als die er gewöhnlich gesehen wird und besonders im Zusammenhang mit einer Kindheit darin. Zufällig paßte zu dem Wunsch des Jungen, wegzufliegen und zu unseren Bemühungen, ihm die unglücklichmachende Vorwegnahme des Todes in der Phantasie zu erleichtern, ein schon lange vorgesehener Flug nach London, wo wir uns einige Tage aufhielten und wo die Kröte denn auch schnell vergessen schien. Wie wenig sie das tatsächlich war, zeigte sich nach unserer Rückkehr. Der Junge fand unter einer der mächtigen, mehrhundertjährigen Zypressen des Parks

. . . einen toten Waldkauz,
die großen Augen ausgehackt
von Krähen,
die Flügel sinnlos.

Inzwischen mußte es Frühsommer mit all dem verführerischen Zauber und all den Bildern üppigen Blühens und Grünens geworden sein, der aus dem Park der Villa Massimo – objektiv gesehen – inmitten der unter den ersten Hitzeschauern fiebernden Stadt einen Ort balsamischer Düfte und paradiesischen Friedens macht, der aber nichtsdestoweniger trostlos wie eine Trümmerlandschaft erlebt werden kann, wenn einem nicht wohl ist in seiner Haut. Irgend etwas, eine schlechte Nachricht oder vielleicht auch nur eine geringe Unpäßlichkeit läßt die jedermann zugänglichen Schönheiten unter dem Gewicht dessen, was auf einem lastet, zurücktreten und hinter dem Grauschleier der trüben Stimmung verblassen. Immer wieder staunt man, wie wenig genügt, um den Zauber eines gesegneten Ortes mitten in der Stadt unfühlbar, unwirksam zu machen.
Um auf den toten Waldkauz zurückzukommen: Unser Sohn zeigte ihn uns mit der ganzen Betroffenheit dessen, den man aus einem schönen Traum gerissen hat, und brachte unmißverständlich zum Ausdruck, daß es mit dem Davonfliegen vor dem Tod ja nun doch wohl eine sehr mißliche Sache sei. Eine Einsicht, die wir ihm sicher nicht aufgedrängt hätten. Es genügt ja nicht, daß man über alles miteinander spricht, es muß auch zur rechten Zeit geschehen, und so lange einem die nicht gekommen scheint, muß man auch schweigen können über Dinge, von denen man fürchtet, daß ihre Erörterung nur verletzt und nichts hilft.
Diese Rücksicht konnten wir nun nicht mehr üben, da uns der Junge mit seiner Folgerung zuvorgekommen war. Einen Augenblick ahnte, ja wußte er vielleicht mit aller Gewißheit: Es gibt kein Entrinnen, was immer ich auch anstelle. Es gibt natürlich Menschen von einer Heilsgewißheit, die das wenig erschüttern wird, und andere, die schnell über diesen kritischen Moment hinweg gleiten. Wieder andere bringt diese trostlose Einsicht aus dem Gleichgewicht. Das schien uns bei unserem Sohn der Fall. Und da

wir uns in ihn hineinversetzten, brachte er uns in eine ähnliche Lage, aus der wir ihn und uns, glaube ich, mit einer geistesgegenwärtigen Antwort zu befreien wünschten. Nicht durch falschen Trost, sondern durch die lakonische Feststellung: Ja, mein Lieber, es ist so, wie du sagst. Da nur starke Eindrücke unseren Charakter formen und es nicht die Aufgabe von Eltern ist, dies bei ihren Kindern zu verhindern, entschieden wir uns instinktiv für eine Antwort, die das Schwere leicht nahm:

> Gut, sagten wir, das Schlimmste
> hast du jetzt begriffen . . .

Eine Leichtigkeit, die nichts leugnete, die aber auch nicht ungebührlich vertiefen wollte, was – nach unserem Eindruck – ohnehin schon tief genug saß, um später, nach einer Schonzeit des Vergessens, ganz von allein wieder ins Gedächtnis zu treten. Deshalb der Nachsatz: Vergiß es.

Ein Rat, der ihn natürlich nicht hinderte, das Erlebnis dennoch zu behalten, der aber auch gar nicht wörtlich befolgt werden sollte, denn daß Gedächtnis sich einstellt, sobald es wieder auf eine alte Spur, einen starken zurückliegenden Eindruck stößt, das weiß man – und doch ein Rat, der alles enthielt, was uns in diesem Augenblick wichtig war: nämlich den Bann zu brechen, in den die plötzliche Erkenntnis des Schlimmsten ihn schlug. Dafür war es zu früh, fanden wir, denn der Junge war, wie gesagt, sieben oder höchstens acht Jahre alt, und wir wünschten ihm, daß er neben dem, was lähmte und erstarren ließ, auch das wahrnahm, was glücklich stimmt, löst, erlöst und beweglich hält.

Winfried Zehetmeier

Kerameikós

An der Scherbe
die Kehlung freigekratzt
mit dem Nagel.

Die Lippe des Kruges
paßt sich
in deine Hand.

Markgitter, gestopft
mit Ton und Erde,
der Splitter vom Schenkel,
erbarmungslos leicht.

Berührungen ohne Trauer.
Meine Hand
wächst aus der Scherbe.
Übergänge.
Verwechslungen.
Die Scherbe mein Handknochen.
Mein Handknochen die Scherbe.

Der Arm auf der Stele
vom Wind gehoben.
Abschied, Begrüßung.

Dein Knöchel streift
noch nicht gemähten Klee,
einverleibt schon
dem Stollen.

Wonach graben,
wenn auf dem Rücken deiner Hand
die Wurzeln der Olive sich verschlingen.

Wer ist nicht irgendwie berührt beim Anblick eines Grabes? Unangenehm berührt oder zuinnerst bewegt. Das Kind, der junge Mensch, sie fühlen sich abgestoßen. Sterben und Tod sind etwas Fremdes, dem man allenfalls einen flüchtigen Gedanken gönnt, um gleich wieder davor zurückzuschrecken, es zu vergessen.

Dem älteren Menschen muß der Gedanke vertrauter werden, einmal nicht mehr zu sein, bald oder in einiger Zukunft. Es gibt wohl keinen, dem dieser Gedanke nicht Furcht einflößt.

Freude, Schmerz, Begegnung und Trennung, Leben, Lust, Liebe, Leid und Tod, das sind seit alters die immer wiederkehrenden Themen der lyrischen Dichtung.

Mein Gedicht *Kerameikós* ist ein Gedicht über den Tod. Nicht über irgendeinen, sondern über meinen, dem ich, wie alle Menschen, ins Auge sehen muß.

Jeder denkt an Sterben und Tod zu anderer Zeit und bei anderem Anlaß. Der eine, wenn er Zeuge wird eines schrecklichen Unfalls, der andere, wenn es Menschen trifft, die ihm ganz nah stehen, ein dritter, wenn sich die Natur verdunkelt im Herbst und wenn auf den Gräbern spärliche Lichter des Gedenkens brennen.

Einem kommt der Gedanke, wenn er im Fernsehen vorgeführt bekommt, wie sinnlos, wie rasch, oder wie quälend langsam das Ende sein kann; ein anderer spürt die Beklommenheit, wenn er die Todesanzeigen in der Zeitung liest oder in einer dumpfen Gruft vor Prunksärgen, wenn er sieht, wie wenig hinter ihren prachtvoll geschmückten Planken bleibt: Reste, Staub und Stille.

Mein Gedicht entstand in Erinnerung an einen Frühlingstag in Athen, auf dem Kerameikós, am Rande dieser riesigen, pulsierenden, von Autoabgasen stinkenden Hauptstadt Griechenlands.

Der Kerameikós war das Töpferviertel des antiken Athen. Grabungen der Archäologen auf dem Friedhof dieses Stadtviertels

haben unermeßliche Schätze zutage gefördert: Urnen, Lekythen, also Salbengefäße, Schalen und Plastiken. Vieles nur in Bruchstücken und Scherben. Dazwischen die Knochensplitter der dort Bestatteten.
Es ist ein eigenartiges Gefühl, über dieses Gelände zu wandern, dessen kleine Täler und Hügel der Bach Erídanos durchfließt, der Totenfluß, Grabdenkmäler, sofern sie nicht in den bescheidenen Räumen des dort erbauten Museums aufbewahrt werden oder in die großen Sammlungen der Welt überführt wurden, stehen zeitlos unter immergrünen Büschen und Bäumen auf zerfallenden Sockeln. Auf Schritt und Tritt von Bildwerken abgesplitterter Stein, Scherben und Knochenstücke, in denen Sand das Mark ersetzt hat.
Ich nahm da und dort Reste in die Hand. Überbleibsel einer Vase, eines Kruges oder einer Schale, wer weiß. Sie waren unerkennbar geworden. Eine Kehlung erinnerte daran, daß ein Finger sie auf der Töpferscheibe eingekerbt hatte.
Und mein Fingernagel kratzt jetzt die lehmige Erde weg:

An der Scherbe
die Kehlung freigekratzt
mit dem Nagel.

Dieser Rest, die Krümmung der Außenhaut eines Gefäßes paßt sich in meine Hand. Ich fahre die Rille entlang wie der Finger des Töpfers vor zweitausendfünfhundert Jahren. Seine Finger formten den feuchten Ton; meine tasten die Furche nach. Die Zeit zwischen ihm und mir schmilzt in ein Nichts zusammen.
Dort nehme ich ein Stück Knochen in die Hand. In seinem Innern das Gitter, in dem das Knochenmark war, ist jetzt voll Ton und Erde. Und trotzdem: wie leicht. Wie schwer bin ich jetzt, ich, Knochengerüst und Fleisch. Wie leicht ist das, was bleibt. Flüchtig und schwerelos.
All das vergängliche Vergangene, das bin ich selber, und wenn ich es berühre, spüre ich keine Trauer. Zwischen hier und dort, Leben und Tod, ist keine unüberwindliche Grenze. Wir leben in diesem und jenem Reich zugleich. Wir tragen in uns das Sein

und das Nichtmehrsein. Wir existieren in einem Übergang zwischen Leben und Tod. Wie rasch kann der eine Zustand überwechseln in den anderen. Plötzlich wird ein Teil meiner Hand, mit der ich dieses Gedicht niederschreibe, ein Handknochen, identisch mit der Scherbe, dem Stückchen Ton, das ich auf diesem Gräberfeld gefunden und von Erde freigekratzt habe.
Die Schlüsselworte des Gedichtes stehen ziemlich genau in seiner Mitte: Übergänge, Verwechslungen. Letzteres nicht im gebräuchlichen Sinne, sondern in dem eines Überwechselns von einem Zustand in einen anderen.
Übergänge zwischen noch Lebendigem und Totem sind das Thema oder richtiger: der bewegende Grund dieses Gedichtes:

> Die Scherbe mein Handknochen.
> Mein Handknochen die Scherbe.

Verwechslungen und Übergänge sind keine abrupten Abstürze in ein Nichts. Das hat etwas Tröstliches an sich. Dieses Gedicht spricht nicht von Finsternissen und Schattenreichen.
Ich sehe eine »Stele«, ein Grabdenkmal vor mir, ein Relief, auf dem ein junger Mann aus dem Stein gemeißelt ist wie ein Idealbild des Verstorbenen. Er hebt Arm und Hand. Was bedeutet die Geste? Winkt er zum Abschied, oder hebt er die Hand zum Gruße dort, wo er eben ankommt?
Wir wissen es nicht. Ich weiß es nicht, wie es ausgeht und wo ich ankomme, wenn ich fortgegangen bin.
Und noch ein weiteres Bild: Ich gehe zwischen Grabmälern und den von Archäologen vorgetriebenen Gräben. Ich streife mit meinem Knöchel den frühlingsfrischen Klee, der dort wächst. Ich bin mitten im Leben, ich bewege mich, und die Pflanzen, die Natur sind um mich. Aber gleichzeitig stehe ich mit dem Fuß schon im Grabstollen, in dem Tausende vor mir versunken sind.
Bin ich noch hier, bin ich dort, jenseits schon des Totenflusses? Was soll ich noch nach all dem suchen und graben, was unter der Erde liegt, wenn meine eigenen Handrücken schon aussehen

wie Erde, auf der sich die olivfarbigen Adern verschlingen wie Baumwurzeln?

Das alles habe ich erfahren in Augenblicken auf dem Kerameikós, dem alten Gräberfeld in Athen.

Eva Zeller

Südafrika

Das Reptil
kriecht unter seine Klippe
und das Licht
unter seine Blendung

Die Löwin
hat ihren Raub zu jagen
Die Hyäne gut lachen
bei gefundenem Fressen

Im richtigen Abstand
folgt der Jäger dem Wild
Nach bewährtem Plan
baun die Termiten

Vor den Abdrücken
geflügelter Echsen
und unentdeckten
Diamantenfeldern
stehn Bänke:

For Europeans only

1956 wurde mein Mann, der evangelischer Pfarrer ist, gefragt, ob er sich entschließen könne, für sechs Jahre eine deutsche Gemeinde in Südwestafrika zu übernehmen. Wir lebten damals in der DDR. Die Ausreisegenehmigung aus der DDR und die Einreisegenehmigung nach Südafrika erhielten wir überraschend schnell. So blieb keine Zeit mehr, uns auf das Land, in das wir einreisen sollten, vorzubereiten.

Ich erinnere mich sehr genau an ein Bild, das im Haus von Verwandten gehangen hatte. Es zeigte einen weißen Mann auf der Erde sitzend, er malte mit einem Stock ein großes C in den Sand. Eine Gruppe affenartig aussehender Eingeborener umringte ihn, betont nachsichtig blickte der weiße Mann auf seine Schüler. Jeder einzelne sah so aus, als begreife er keinesfalls, daß er hier einer Elementarleistung der Menschheit wahrhaftig wurde, zu der seine eigene Rasse es bis zur Stunde noch nicht gebracht hatte. Wenn man näher an das Bild herantrat, konnte man lesen: Schreib-, Leseunterricht in Kaffraria 1849.

Über die jüngere Entwicklung in Südwestafrika wußte ich herzlich wenig. Alles in allem betrat ich den Kontinent naiv und unvoreingenommen. Zuerst überwältigten mich das Meer und die Wüste. Swakopmund liegt so hart an der atlantischen Küste, daß einige Straßen direkt ins Meer führen, und es liegt so hart an der Wüste, daß die anderen Enden dieser Straßen übergangslos in die Wüste führen. Auch bei den ersten Erkundungsfahrten ins Landinnere war es vor allem die kahle, gigantische, menschenleere Landschaft, die meine Aufmerksamkeit herausforderte. Ich machte mir dauernd Notizen über meine Eindrücke. Ich besitze diese Aufzeichnungen noch, mit denen ich mich zum genauen Hinsehen und zum genauen Benennen erzog. Zum Beispiel:

»Die Sonne scheint hier vierzehn Stunden pro Tag. Die Ahnenfeuer sind erloschen. Ochsenskelette in der Wüste. Die relative Luftfeuchtigkeit zwei Prozent. Die Schlange schläft mit offenen Augen; sie hat keine Lider. Die Wanderdünen wandern circa zwei Meter im Jahr. Der Gecko ruft nachts immerzu seinen eigenen Namen. Die Schlange kriecht bei Hitze unter eine Klippe. Die Termiten bauen hier Pagoden. Die Löwin jagt nur nachts; der Jäger folgt der Schweißspur.«

Derartige Aufzeichnungen füllen ganze dicke Kladden. Und viele Notizen sind mit Skizzen versehen. Ich begann, naturwissenschaftliche Bücher, geologische speziell, zu lesen, und fand sie spannend wie Kriminalromane. Auch botanische und zoologische Werke standen mir in einer kleinen Bücherei zur Verfügung. Einige Zeilen aus den drei ersten Strophen meines Gedichtes könnte man als gefundene Texte bezeichnen, weil ich sie mitunter im Wortlaut in wissenschaftlichen Büchern gelesen hatte, zum Beispiel »Das Reptil kriecht unter seine Klippe, um sich vor Sonne zu schützen« oder »In richtigem Abstand muß der Jäger dem Wild folgen«. In der dritten Strophe kommen die Worte »richtig« und »bewährt« vor. Die Folgerichtigkeit der Naturabläufe, die instinktive Klugheit von Tieren und sich mit Stacheln bewehrenden Pflanzen hat mir nie vorher so eindrücklich vor Augen gestanden. Völlig ungewohnt für einen Europäer ist auch das afrikanische Licht. Hochkarätig habe ich es in einer Erzählung genannt. Besonders das Licht über der Wüste. Daß das Licht unter seine Blendung kriecht, ist physikalisch richtig. Die ersten drei Gedichtstrophen reden also sehr bildhaft in kurzen Sätzen von der Ordnung der Natur, von keiner Idylle – bei Gott nicht – aber von Verhaltensweisen und Abläufen, die ein kompliziertes Miteinander Einzelner gewährleisten.

Und die Menschen? Erst allmählich bekam ich einen Blick dafür, daß Schwarz nicht gleich Schwarz ist. Erst allmählich lernte ich die einzelnen Rassen nach Aussehen und Sprache unterscheiden. Eine ganz bestimmte Beobachtung war es, die mir die Augen öffnete für die Absurdität der Apartheid. Ich habe diese Beobachtung in der Erzählung *Schwarz auf Weiß* zur Sprache gebracht. Es geht da um einen weißen Portugiesen, einen Fischer, der ein nahezu weiß aussehendes Mädchen unbedingt heiraten will, aber der weiße holländische Vater des Mädchens hat die farbige Mutter längst verlassen und hat die Tochter nicht beim Magistrat angemeldet, was bedeutet hätte, daß sie als weiß gegolten hätte.

Da sie aber bei der farbigen Mutter auf der Werft lebte, galt sie als farbig und durfte keinen Weißen heiraten. Der Portugiese beantragte daraufhin, daß er für farbig erklärt wurde, weil er seine Braut heiraten wolle. Apartheid ad absurdum geführt.

Nun erst befaßte ich mich mit der Geschichte der südafrikanischen Republik und ihres Mandats Südwestafrika, wobei es gar nicht so leicht war, uneingefärbte Dokumente zu bekommen. Als ich das Land 1962 wieder verließ, war die politische Situation folgende: Maßgebend für alle politischen Entscheidungen war die 1963 von Premierminister Verwoerd programmierte getrennte Entwicklung. Wörtlich: Wir wollen Südafrika weiß erhalten, das kann nur eins bedeuten: die Vorherrschaft des Weißen. Es genügt nicht, daß die Weißen leiten oder führen. Sie müssen herrschen! Die Regierung gibt zwar zu, daß die Nichtweißen nicht dauernd als minderwertig behandelt werden können, erklärt sich aber zu keiner Konzession bereit, die ihnen die Rechtsgleichheit gewährt. Sie schafft Bantustans, Reservate, in denen nur Nichtweiße unter sich leben und nur dort ihre politischen Rechte ausüben können.

Eine riesige Umsiedlung von Nichtweißen aus ihren angestammten Heimaten in die Bantustans begann schon zu der Zeit, als wir noch in Südwestafrika lebten. Zu den Merkmalen der Apartheid gehört es, die gutbezahlten und spezialisierten Arbeitsplätze den Weißen vorzubehalten und die afrikanischen Arbeiter auf die nichtspezialisierten und schlechtbezahlten Arbeitsplätze zu drängen. Dank dieser Politik gelang es, den weißen Einwohnern einen Lebensstandard zu verschaffen, der zu den höchsten in der ganzen Welt zählt, während die Löhne der Nichtweißen nur einen Bruchteil dessen ausmachen, was die Weißen verdienen. Zahlreiche Afrikaner, die für die Rechtsgleichheit im südlichen Afrika kämpften, wurden verhaftet und zu schweren Strafen verurteilt.

Diese kurzen Angaben müssen genügen, um ein Schlaglicht auf das Land zu werfen, in dem ich sechs Jahre lebte. Ich habe meine Kindheit im Dritten Reich verlebt und das Wort »Rassismus« war für mich mit der Vernichtung nichtarischer Bevölkerungsgruppen verbunden. Hier nun traf ich auf die Diskriminierung Nichtweißer. Das Gedicht schließt mit der Zeile *»For Europeans only«*. Nachdem drei Strophen lang fast liedhaft von der unverrückbaren Ordnung in der Natur die Rede ist – abschließend mit den so beruhigend klingenden Zeilen »nach bewährtem Plan bauen die Termiten« – heißt es nun abrupt:

Vor den Abdrücken
geflügelter Echsen
und unentdeckten
Diamentfeldern
stehn Bänke.

Mit den Abdrücken geflügelter Echsen ist angedeutet, was für eine Tiefe sich in Jahrmillionen verlierender Naturgeschichte dieser Kontinent hat. Aber dem Eingeborenen werden gar nicht oder nur sehr zögernd die Voraussetzungen zugestanden, sich mit diesem seinem angestammten Land zu identifizieren. Es wird ihm schwergemacht, ein Selbstverständnis zu entwickeln. Und mit den unentdeckten Diamantfeldern ist der unermeßliche Reichtum des Landes gemeint, den zu ernten der Schwarze und Farbige zwar mitarbeiten darf, dessen Erfolgen er aber nur in sehr beschränktem Maße teilhaftig wird, solange das Gefälle von Schwarz zu Weiß derart groß ist.

Das Gedicht verzichtet auf jeden Kommentar. Dem Leser selbst bleibt es überlassen, die Schlüsse zu ziehen. Im modernen Gedicht kann der Leser nicht mehr wie im traditionellen Gedicht passiv die Worte genießen, er wird vielmehr zum aktiven und betroffenen, befremdeten Leser, dessen Leidensfähigkeit mit jedem guten Gedicht geprüft wird. In diesem Sinne möchte ich mein Gedicht *Südafrika* aufgenommen wissen, als einen bescheidenen Anspruch, Menschen zum Mitleiden zu erregen, mit anderen Menschen, die ihrer Hautfarbe wegen leiden müssen.

Annemarie Zornack
In Gesellschaft

wie oft wohne ich im muster einer tapete
ich bevorzuge blumen
tauche tief in tulpen hinab
während ich im sessel sitze
und mich unterhalte
nur zum händeschütteln
muß ich wieder da sein
später im bett
verlege ich meine ländereien
in die übergardinen da halten sich
einige freunde von mir auf
ein jüdischer sehr ernster mann
ein kopffüßler den ich mir bei antes
ausgeborgt habe und ein mädchen
mit schmalen schultern
das sich abwendet

wenn draußen ein auto vorbeifährt
tilgt der lichtschein die gesichter
und ich bin *sie alle* und bin
wieder allein und in der plötzlichen
dunkelheit versinke ich
bei meiner großmutter in kissenbergen
und die erwachsenen im wohnzimmer nebenan
sind laut und klopfen skat

Mein Gedicht trägt zwar die Überschrift *In gesellschaft*, doch eigentlich zeigt es auf, wie allein ein Mensch sich fühlen kann – mitunter gerade dann, wenn er sich in Gesellschaft befindet.

Ich kannte solche Einsamkeit schon in der Kindheit. Da gibt es wohl andere Leute um einen herum, doch es existiert eine Empfindung des Getrenntseins, der Fremdheit. Die eigenen Stimmungen will oder kann man nicht zur Sprache bringen, sie passen nicht zu den gerade behandelten Themen und fügen sich auch nicht in die Gesprächslücken, ja nicht einmal in das gemeinsame Schweigen ein. Möglicherweise sind auch die anderen, die so gut zu harmonieren scheinen, in Wahrheit genauso einsam wie ich, denn auch ich nehme ja an der Unterhaltung teil und lasse es mir nicht anmerken, daß das Gespräch an mir, an meinem Innersten, vorbeigeht.
Hilfesuchend tasten meine Augen an diesem und jenem entlang, bis sie hängenbleiben: an der Tapete, im Tapetenmuster. Ich verliere mich in einem Blumengewirr, dem ich mich bald ganz überlasse. Weil die Menschen versagt haben, halte ich mich an Dinge, die ich befrage, ohne daß ich von ihnen eine Antwort erwartete. Die leblosen Dinge hatten für mich seit je eine Art familiärer Stellenvertreterfunktion. Sie waren, so heißt es in einem anderen Gedicht von mir,

tanten onkel cousinen
beste freundinnen doch sie gaben keine antwort.

Gesellige Zusammenkünfte bringen mich manchmal dazu, mich in das Schneckenhaus meiner Heimlichkeit zurückzuziehen. Erst bei der Verabschiedung bin ich wieder freundlich zugegen. Dabei hat mir niemand wirklich wehgetan, ich bin nur überempfindlich gewesen, und es hat allein an mir gelegen, daß ich das richtige Anschlußwort nicht fand.
Im Bett dann, wenn ich endgültig allein bin, liege ich mit offenen Augen da und starre auf die zugezogenen Übergardinen. Ich gerate ins Träumen. Die Fäden im Stoff fangen an, sich auf seltsame Weise zu beleben. Gesichter tauchen auf, gewinnen deutliche Umrisse, überlagern einander, werden diffus. Eben sehe ich ein Mädchen, das sich scheu wegdreht; gleich darauf schaut mich ein ernster Mann mit jüdischen Zügen an. Auch eine Figur ohne Hals und mit großem Kopf ist da und ängstigt mich. Der Maler Horst Antes hat solche archaisch anmutenden Kopffüßler

immer wieder vorgeführt. Doch ich kenne diese Gestalten schon seit meinen frühesten Kindertagen, in denen sie mich kurz vor dem Einschlafen bedrängten.
Auf der Grenze zwischen Wachsein und Schlaf stellen sich Bilder ein, die sich bei den Umrissen der Außenwelt nur ein paar Linien ausborgen: Stichworte für die Phantasie, die meine seelischen Inhalte verarbeitet, ihnen Kontur und Körperlichkeit gibt.
Wenn sich allerdings die Lichtverhältnisse im Schlafzimmer ändern, etwa, weil draußen ein Auto mit seinen Scheinwerfern meine Traumleinwand zerstört, endet abrupt der Film meiner Einbildungskraft. Die Gestalten, die aus mir hervorgetreten sind, verlieren ihr Eigenleben. Sie werden wieder zu anonymen Teilen meines Wesens:

ich bin *sie alle* und bin wieder allein

Zu Ende ist der Zauber, die Verzauberung. Die Gardine hat sich in das zurückverwandelt, was sie ohnehin nur war: in ein Stück Stoff.
Nachdem sich das Auto in die Nacht entfernt hat, ist es dunkel wie nie zuvor, und ich verspüre eine grenzenlose Einsamkeit, die der Einsamkeit meiner Kindheit ähnelt. Damals, als ich bei meiner Großmutter in Kissenbergen versank und nicht einschlafen konnte, bildete sich vermutlich jenes Gefühl des Abgetrenntseins und der Fremdheit in mir aus, unter dem ich bis heute leide. Die Erwachsenen, die im Nebenzimmer Karten spielten, waren zugleich anwesend und unendlich fern. Es gab keine Zuflucht, keine Geborgenheit für mich – außer bei den Dingen in meinem Zimmer, die zwar bedrohlich waren und meine Angst widerspiegelten, doch die mich wenigstens nicht im Stich ließen, die verfügbar blieben.
Mein Gedicht *In gesellschaft* ist gewissermaßen ein gedoppeltes Abbild meiner Isolation: es skizziert mich als Erwachsenen in der Gemeinschaft von Erwachsenen und es läßt die Kindheitsumstände erkennbar werden, die mich zu dem Menschen gemacht haben, der ich heute bin: zu einer Tagträumerin, die sich Fluchtpunkte sucht, sich eigene kleine Welten ersinnt und die ihre Ländereien in die Gardinen verlegt.

Bibliographie

Ulrich Johannes Beil, geboren 1957 in München. Studium der Literaturwissenschaft, Philosophie, Theologie und Politologie in München. Freier Mitarbeiter des Bayrischen Fernsehens. 1984 dritter Preisträger beim Lyrikwettbewerb des Bayrischen Rundfunks und Auszeichnung mit dem Vera-Piller-Poesie-Preis.
Werke (u. a.): Dieser Tag geht (1985).

NEUES WANDERLIED
aus: Junge deutsche Lyrik I. Herausgegeben von Rudolf Riedler. Münchner Edition, © Schneekluth-Verlag: München 1984

Horst Bienek, geboren 1930 in Gleiwitz, lebt in München. Bekannt geworden durch Gedichte, Erzählungen, Werkstattgespräche, Essays und vor allem durch seine Gleiwitzer Tetralogie, in der er seine Kindheit in Schlesien beschreibt. 1967 Andreas-Gryphius-Preis, 1968 Literaturpreis der Stadt Bremen, 1975 Hermann-Kesten- und Wilhelm-Raabe-Preis, 1978 Kulturpreis Schlesien, 1981 Nelly-Sachs-Preis, 1983 Andreas-Gryphius-Preis.
Werke (u. a.): Traumbuch eines Gefangenen (1957), Werkstattgespräche mit Schriftstellern (1962), Was war was ist (1966), Die Zelle (1968), Vorgefundene Gedichte (1969), Bakunin, eine Intervention (1970), Solschenizyn und andere (1972), Die Zeit danach (1974), Die erste Polka (1975), Gleiwitzer Kindheit (1976), Septemberlicht (1977), Zeit ohne Glocken (1979), Der Freitag der kleinen Freuden (1981), Erde und Feuer (1982), Beschreibung einer Provinz (1983), Königswald oder die letzte Geschichte (1984).

LERN VON DEN WOMBATS
aus: Gleiwitzer Kindheit. © Hanser-Verlag: München 1976

Ernst Günther Bleisch, lebt in München. Lyrik. Ehrengabe der Bayerischen Akademie der Schönen Künste, Schwabinger Kunstpreis für Literatur, Tukan-Preis der Stadt München, Andreas-Gryphius-Preis.
Werke (u. a.): Traumjäger, Frostfeuer, Spiegelschrift, Salzsuche, Zeit ohne Uhr.

MARITIME FESTSTELLUNG
aus: Zeit ohne Uhr. Ausgewählte Gedichte 1952–1982. © Limes-Verlag: München 1983.

Hilde Domin, geboren 1912 Köln. Studium Heidelberg, Berlin, Rom, Florenz. Dott. Scienze Pol. Florenz 1935. Wichtigste Lehrer: Jaspers, Karl Mannheim.

Sprachlehrerin in England. Universitätslektorin in Santo Domingo. 1954 Rückkehr in die BRD. Lyrik seit 1951. 1976 Rilke-Preis, 1983 Nelly-Sachs-Preis. Mitglied des PEN und der Akademie für Sprache und Dichtung.

Werke (u. a.): Nur eine Rose als Stütze (1959), Rückkehr der Schiffe (1962), Hier (1964), Wozu Lyrik heute, Theorie (1968), Das zweite Paradies (1968, 1986), Ich will dich (1970), Von der Natur nicht vorgesehen (1974), Aber die Hoffnung (1982).

ABEL STEH AUF
aus: Ich will dich, © Piper-Verlag: München-Zürich 1970.

Hans Magnus Enzensberger, geboren 1929 in Kaufbeuren / Allgäu, lebt in München. Studium der Germanistik und Philosophie in Erlangen, Hamburg, Freiburg und Paris. 1955 Promotion. Rundfunkredakteur, Verlagslektor, Poetik-Dozentur in Frankfurt a. M. und Gast-Dozentur in Connecticut. Herausgeber des »Kursbuch«. Lyrik, Essays, Übersetzungen. Zahlreiche Literaturpreise u. a. 1963 Georg-Büchner-Preis.

Werke (u. a.): Verteidigung der Wölfe (1957), Landessprache (1960), Blindenschrift (1964), Gedichte 1955–1970 (1971), Der kurze Sommer der Anarchie (1972), Mausoleum (1975), Der Untergang der Titanic (1978).

DAS FALSCHE
aus: Die Furie des Verschwindens. © Suhrkamp-Verlag: Frankfurt / M. 1980

Richard Exner, geboren 1929 in Niedersachswerfen. 1950 ausgewandert in die USA. Seit 1964 o. Professor für deutsche Literatur an der University of California in Santa Barbara. Wissenschaftliche Veröffentlichungen, Übersetzungen, Essays und Reden. Korr. Mitglied der Bayrischen Akademie der Schönen Künste.

Werke: Vier Gedichtbände (1956, 1980, 1982, 1985).

PORTRÄT EINES KINDES
aus: Fast ein Gespräch, Münchner Edition, © Schneekluth-Verlag: München 1980

Walter Helmut Fritz, geboren 1929 in Karlsruhe, lebt dort. Studium der Literatur und Philosophie in Heidelberg. Gedichte, Romane, Erzählungen. Mitglied der Akademie der Wissenschaften und der Literatur, der Bayerischen Akademie der Schönen Künste, der Deutschen Akademie für Sprache und Dichtung und des PEN.

Werke (u. a.): Gesammelte Gedichte (1979), Wunschtraum Alptraum (1981), Werkzeuge der Freiheit (1983), Cornelias Traum und andere Aufzeichnungen (1985).

DIE ZIGEUNER SIND WIEDER DA
aus: Gesammelte Gedichte. © Hoffmann & Campe-Verlag: Hamburg 1979

Harald Grill, geboren 1951 in Hengersberg, lebt seit 1977 in Wald / Oberpfalz. Lyrik, Erzählungen, Theaterstücke. 1983 Kulturförderpreis der Stadt Regensburg.

Werke (u. a.): eigfrorne gmiatlichkeit (1980), einfach leben (1982), Gute Luft, auch wenn's stinkt (1983), die fünfzehnte kreuzwegstation (1984), Dem Hans sei Ganshaut (1985).

WEGKREUZ

Nicht veröffentlicht.

Michael Groißmeier, geboren 1935 in München, lebt in Dachau. Lyriker und Haiku-Dichter.

Werke (u. a.): Schnee auf der Zunge (1983), Dem Rauch mißtrauen (1984), Zerblas ich den Löwenzahn (1985).

VON MEINEN BEISOLDATEN

aus: Schnee auf der Zunge. Münchner Edition, © Schneekluth-Verlag: München 1983.

Hans-Jürgen Heise, geboren 1930 in Pommern, lebt in Kiel. Lyriker, Essayist und Literaturkritiker (u. a. der ZEIT, der Süddeutschen Zeitung, der Stuttgarter Zeitung).

Werke (u. a.): Segel setzen, Der Phantasie (1983), Der Zug nach Gramenz (1985), Einen Galgen für den Dichter. Stichworte zur Lyrik (1986), Bilder und Klänge aus al-Andalus. Höhepunkte spanischer Literatur und Kunst (1986).

BAEZA IST BUBLITZ

aus: Der Phantasie Segel setzen. Gesammelte Gedichte. © Verlag Kerle/Herder: Freiburg i. Breisgau. 1983

Karl Krolow, geboren 1915 in Hannover, lebt in Darmstadt. Studium der Germanistik, Romanistik, Kunstgeschichte, Philosophie in Göttingen und Breslau. Seit 1942 freier Schriftsteller. Mitarbeit in Zeitungen, Zeitschriften, Rundfunk. Lyrik, Prosa, Essays. 1956 Georg-Büchner-Preis. 1959 UNESCO-Stipendium. 1965 Großer Niedersächsischer Staatspreis. 1976 Stadtschreiber von Bergen-Enkheim. Poetik-Dozentor an der Universität Frankfurt (1960/61) und an der Universität München (1964). 1983 Hessischer Staatspreis. 1985 Preis der Bayrischen Akademie der Schönen Künste. Präsident der Deutschen Akademie für Sprache und Dichtung. Ehrendoktor der TH Darmstadt.

Werke (u. a.): Gesammelte Gedichte I–III (1965–1985), Das andere Leben (1979, Im Gehen (1982), Nachtleben (1985).

FAMILIENTISCH

aus: Alltägliche Gedichte. © Suhrkamp-Verlag: Frankfurt/M. 1968.

Dietrich Krusche, geboren 1935 in Polen. Studium der Germanistik und Klassischen Philologie. Lektor für Deutsch an der University of Ceylon und der Universität Okayama/Japan. Gymnasiallehrer. Seit 1982 Professor am Institut für Deutsch als Fremdsprache der Universität München.

Werke (u. a.): Das Ruder auf dem Dach (1978); Kienspan steht auf (1979), Verzögerte Geburt (1982).

WIEDERSEHEN

Nicht veröffentlicht.

Günter Kunert, geboren 1929 in Berlin, lebt seit 1979 in der BRD. Graphikstudium. Lyrik seit 1947. Mitarbeit am »Eulenspiegel«, an »Frischer Wind« und anderen Zeitschriften. Arbeiten für Film, Fernsehen u. Rundfunk. 1962 Heinrich-Mann-Preis der Akademie der Künste (Berlin-Ost). 1972 Visiting Associate Professor an der University of Texas in Austin, Texas. 1973 Johannes R. Becher-Preis für Lyrik. 1976 Mitglied der Akademie der Künste (Berlin-West). 1982 Mitglied der Akademie für Sprache und Dichtkunst. 1983 Stadtschreiber von Bergen-Enkheim. 1985 Heinrich-Heine-Preis der Stadt Düsseldorf.

Werke (u.a.): Wegschilder und Mauerinschriften (1950), Erinnerungen an einen Planeten (1963), Tagträume (1964), Der ungebetene Gast (1965), Verkündigung des Wetters (1966), Im Namen der Hüte (1967), Die Beerdigung findet in aller Stille statt (1968), Kramen in Fächern (1969), Warnung vor Spiegeln (1970), Tagträume in Berlin und andernorts (1972), Gast aus England (1973), Im weiteren Fortgang (1974), Warum schreiben (1976). Kinobesuch (1977), Unterwegs nach Utopia (1977), Die Schreie der Fledermäuse / Geschichten (1978), Camera obscura (1978), Ziellose Umtriebe (1979), Unruhiger Schlaf (1979), Drei Berliner Geschichten (1979), Abtötungsverfahren (1980), Verspätete Monologe (1981).

Reminiszenz

Nicht veröffentlicht

Hermann Lenz, geboren 1913 in Stuttgart, lebt in München als freier Schriftsteller. Studium der Kunstgeschichte, Archäologie und Germanistik in Heidelberg und München. 1978 Georg-Büchner-Preis, 1981 Wilhelm-Raabe-Preis.

Werke (u. a.): Gedichte (1936), Das stille Haus (1947), Das doppelte Gesicht (1949), Der russische Regenbogen (1959), Verlassene Zimmer (1966), Neue Zeit (1975), Die Begegnung (1979), Der innere Bezirk (1980), Erinnerung an Eduard (1981), Zeitlebens (1981), Ein Fremdling (1983), Der Wanderer (1986).

In der schlechten Zeit

aus: Zeitlebens. Münchner Edition, © Schneekluth-Verlag: München 1981

Rainer Malkowski, geboren 1939 in Berlin, lebt in Bayern. Tätigkeit in Zeitungsverlagen und Werbeagenturen. Seit 1972 freier Schriftsteller. Verschiedene Literaturpreise, 1979 Villa-Massimo-Stipendium.

Werke (u. a.): 5 Lyrikbände bei Suhrkamp, zuletzt: Was auch immer geschieht (1986).

Einer muss der letzte sein

aus: Zu Gast. © Suhrkamp-Verlag: Frankfurt / M. 1983

Friederike Mayröcker, geboren 1924 in Wien, lebt dort. Seit 1969 freischaffend. Gedichte, Prosa, Romane, Kinderbücher, Hörspiele, Bühnentexte. Hörspielpreis der Kriegsblinden (zusammen mit Ernst Jandl), Österreichischer Würdigungspreis, Preis der Stadt Wien, Georg-Trakl-Preis für Lyrik, Anton-Wildgans-Preis, Groszer Österreichischer Staatspreis.

Werke (u. a.): Reise durch die Nacht (1984), Das Herzzerreiszende der Dinge

(1985), Das Jahr Schnee (1986), Winterglück (1986)

KINDERSOMMER

aus: Ausgewählte Gedichte. 1944–1978. © Suhrkamp-Verlag: Frankfurt/M. 1979

Christoph Meckel, geboren 1935 in Berlin. Graphikstudium in Freiburg und München. Er lebt und arbeitet als Lyriker, Erzähler und Zeichner in Berlin und Frankreich. Zahlreiche Preise,

Werke (u. a.): Lyrik, Prosa, Hörspiel, u. a. Werkauswahl 1971, Bockshorn 1973, Fünf Grafikbücher und Illustrationen zu Bert Brecht, Voltaire und den Menschenrechten. Lyrik: Nebelhörner (1959), Wildnisse (1962); Bei Lebzeiten zu singen (1967), Lieder aus dem Dreckloch (1972), Prosa: Tullipan (1965), Im Land der Umbramauten (1966), Manifest der Toten (1970), Kranich (1973), Wen es angeht (1974), Licht (1978), Säure (1979), Suchbild (1980), Nachricht für Baratynski (1981), Der wahre Muftoni (1982).

UNGLÜCK LÄSST GRÜSSEN

aus: Unter dem Titel *Lied* aus: Bei Lebzeiten zu singen. Gedichte. K. Wagenbach, Berlin 1967. © Christoph Meckel

Heinz Piontek, geboren 1925 in Kreuzburg/Schlesien, lebt seit 1961 in München. Seit 1948 freier Schriftsteller. Zahlreiche Literaturpreise, u. a. 1976 Georg-Büchner-Preis. Mitglied zweier Akademien und des PEN-Clubs.

Werke (u. a.): 1985 erschien im Schneekluth Verlag eine Werkausgabe in sechs Bänden, in der alle wesentlichen Arbeiten des Autors (Gedichte, Romane, Erzählungen, Essays, Hörspiele sowie seine Autobiographie) zusammengefaßt sind.

ICH, ANTON PAWLOWITSCH

aus: Gesammelte Gedichte. © Hoffmann u. Campe Verlag: Hamburg 1975

Rudolf Riedler, geboren 1927 in Kaufbeuren/Allgäu. Studierte Psychologie, Literatur, Musik, Publizistik und promovierte in München. Leitende Position beim Bayrischen Rundfunk. Seit 1980 Lyrik, Erzählungen, Herausgebertätigkeit. 1983 Tukan-Preis der Stadt München.

Werke (u. a.): Annäherung an Komombo (1980), Mit den Haien schwimmen (1983), Churchills Sessel (1986).

SKLAVENHAUS BEI DAKAR

aus: Mit den Haien schwimmen. Münchner Edition, © Schneekluth-Verlag: München 1983

Albert von Schirnding, geboren 1935 in Regensburg, lebt in München. Studium der Klassischen Philologie in München und Tübingen. Seit 1958 Gymnasiallehrer. Literaturkritiker der Süddeutschen Zeitung.

Werke (u. a.): Bedenkzeit, Gedichte und Prosa (1977), Am Anfang war das Staunen. Über den Ursprung der Philosophie bei den Griechen (1978), Die Weisheit der Bilder. Erfahrungen mit dem griechischen Mythos (1979), Durchs Labyrinth der Zeit. Aufsätze, Essays, Reflexionen (1979), Linien des Lebens.

Literarische Porträts (1982), Mit anderen Augen. Gedichte (1986).

EPITAPH

aus: Bedenkzeit, © Langewiesche-Brandt-Verlag: Ebenhausen bei München 1978

Wolfdietrich Schnurre, geboren 1920 in Frankfurt, lebt in Schleswig-Holstein, Film- und Theaterkritiker. Mitbegründer der Gruppe 47. Seit 1950 freier Schriftsteller. Lyrik, Romane, Kurzgeschichten, Essays, Hör- und Fernsehspiele, Kinderbücher. Zahlreiche Literaturpreise, u. a. 1983 Georg-Büchner-Preis. Mitglied der Deutschen Akademie für Sprache und Dichtung.

Werke (u. a.): Als Vaters Bart noch rot war (1958), Der Schattenfotograf (1978), Kassiber und neue Gedichte (1979), Das Los unserer Stadt (1980), Ein Unglücksfall (1981).

WAHRHEIT

aus: Kassiber und neue Gedichte. © List-Verlag: München 1979

Gabriele Wohmann, geboren 1932 in Darmstadt. Studium der Literatur. Ein Jahr lang Internatslehrerin auf einer Nordseeinsel. Erste Prosa-Arbeiten 1956. 1967/68 Villa-Massimo-Stipendium. 1971 Bremer Literaturpreis. 1980 Bundesverdienstkreuz 1. Klasse. 1981 Deutscher Schallplattenpreis. 1983 Poetik-Dozentur an der Universität Augsburg. 1985 Stadtschreiberin des ZDF und der Stadt Mainz. Mitglied der Akademie der Künste und der Deutschen Akademie für Sprache und Dichtung.

Werke (u. a.): Ausgewählte Gedichte 1964–1982 (1983), Passau, Gleis 3 (1984).

ALTE FRAU, RATLOS AN DER HOTELREZEPTION

aus: Passau, Gleis 2. © Luchterhand-Verlag: Darmstadt und Neuwied 1984

Karl Alfred Wolken, geboren 1929 auf Wangerooge, lebt in Rom. Nach dem Abitur 10 Jahre Tischler. War als Betriebsrat befaßt mit der Problematik unangepaßter in- und ausländischer Arbeiter. Seit 1965 freier Schriftsteller. 1962 Villa-Massimo-Stipendium. Gedichte, Geschichten, Rezensionen.

Werke (u. a.): Halblaute Einfahrt (1960), Die Schnapsinsel (1961), Wortwechsel (1964), Zahltag (1964), Klare Verhältnisse (1968), Blick auf Rom. Neue Variationen über ein altes Thema (1968), Außer Landes. Gedichte 1974–1978 (1979).

ZU FRÜH, FANDEN WIR

aus: Außer Landes. © Erb-Verlag: Düsseldorf 1979

Winfried Zehetmeier, geboren 1933 in München. Studium der Germanistik und Alten Sprachen, Promotion. Lehrtätigkeit an der Universität und im Gymnasialdienst. Seit 1978 Bürgermeister in München. Wissenschaftliche Veröffentlichungen, Gedichte, Erzählungen.

Werke (u. a.): Gegenzauber (1979), Taubenjagd (1984).

KERAMEIKOS

aus: Gegenzauber. © Ehrenwirth-Verlag: München 1979

Eva Zeller, geboren 1923 in Eberswalde bei Berlin. Studium der Germanistik und Philosophie in Greifswald, Marburg und Berlin. Lebte bis 1956 in der DDR. 1956–1962 in Südwestafrika, lebt jetzt in Heidelberg. Lyrik, Romane, Erzählungen. 1970 Georg-Mackensen-Literaturpreis für die beste deutsche Kurzgeschichte. 1977/78 das Schillerstipendium des Europa-Forums für Literatur. 1975 Droste-Preis. Mitglied des PEN-Clubs und der Deutschen Akademie für Sprache und Dichtung, seit 1977 Vizepräsidentin der Akademie.

Werke (u. a.): Die magische Rechnung (1965), Der Sprung über den Schatten (1967), Ein Morgen Ende Mai (1969), Sage und schreibe (1971), Der Turmbau (1973), Lampenfieber (1974), Fliehkraft (1975), Die Hauptfrau (1977), Auf dem Wasser gehn (1979), Solange ich denken kann (1981), Tod der Singschwäne (1983), Nein und Amen (1986)

SÜDAFRIKA

aus: Sage und Schreibe. © Deutsche Verlagsanstalt: Stuttgart 1971

Annemarie Zornack, geboren 1932 in Aschersleben am Harz, lebt in Kiel. Lyrik. 1979 Preis der Friedrich-Hebbel-Stiftung.

Werke (u. a.): als das fernsehprogramm noch vorm küchenfenster lief (1979), treibanker werfen (1982), die langbeinige zikade (1985).

IN GESELLSCHAFT

aus: treibanker werfen. Gedichte. © Eremiten-Presse: Düsseldorf. 1982

Wir danken den Autoren und den genannten Verlagen für die freundliche Genehmigung zum Abdruck der Gedichte und der Texte.

Lyrik bei Piper

Anna Achmatowa
Im Spiegelland
Ausgewählte Gedichte. Hrsg. von Efim Etkind.
1982. 205 Seiten. Geb.

Ingeborg Bachmann
Anrufung des Großen Bären
Gedichte. 9. Aufl., 39. Tsd. 1985. 79 Seiten.
Serie Piper 307

Ingeborg Bachmann
Die gestundete Zeit
Gedichte. 10. Aufl., 41. Tsd. 1985. 63 Seiten.
Serie Piper 306

Ingeborg Bachmann
Liebe: Dunkler Erdteil
Gedichte aus den Jahren 1942–1967.
2. Aufl., 12. Tsd. 1985. 61 Seiten.
Serie Piper 330

Ingeborg Bachmann
Sämtliche Gedichte
1983. 229 Seiten. Geb.

Lyrik bei Piper

Jossif Brodskij
Einem alten Architekten in Rom
Gedichte. Aus dem Russischen von Karl Dedecius, Rolf Fieguth und Sylvia List. 1986. 122 Seiten. Serie Piper 506

Uwe Dick
Theriak
13 Fügungen. Mit einem Essay von Eva Hesse.
1986. 172 Seiten. Serie Piper 564

Hilde Domin
Ich will Dich
Gedichte. 5. Aufl., 12. Tsd. 1985. 47 Seiten. Geb.

Ludwig Fels
Der Anfang der Vergangenheit
Gedichte. 1984. 118 Seiten. Geb.

Georg Heym
Gedichte
Ausgewählt und mit einem Nachwort von Harald Hartung.
1986. 123 Seiten. Serie Piper 494

Lyrik bei Piper

Eugenio Montale
Glorie des Mittags

Ausgewählte Gedichte. Italienisch/Deutsch.
Übertragen und mit einem Nachwort von Herbert Frenzel.
1975. 176 Seiten. Geb.

Eugenio Montale
Satura/Diario

Aus den späten Zyklen. Italienisch/Deutsch.
Übertragen und mit einem Nachwort
von Michael Marschall von Bieberstein. 1976. 190 Seiten. Geb.

Pier Paolo Pasolini
Gramsci's Asche

Gedichte. Italienisch/Deutsch.
Mit einem Nachwort von Michael Marschall von Bieberstein.
Aus dem Italienischen von Toni Kienlechner.
1983. 192 Seiten. Serie Piper 313

Marin Sorescu
Abendrot Nr. 15

Gedichte. Aus dem Rumänischen von Oskar Pastior.
1985. 123 Seiten. Geb.